What science has forgotten

生命

科学の忘れ物

目次

005 第一部 生命進化の謎
061 第二部 人間誕生の秘密
115 第三部 生命探求への科学の限界
141 第四部 生命の本質—すべてのものに心が宿る
193 第五部 本当の私
231 第六部 科学の忘れもの
259 第七部 人が人として生まれてきたことの意味
277 ジーの告白

第一部

生命進化の謎

（一）

悠子の告白

あれは、大学院に進学して間もない頃のことだった。新たな研究に夢と希望を抱きながら、心ときめかせていたその心の中に、なんだか漠としたものがはびこるようになってきた。始めのうちは、それが何なのか、はっきりとはわからなかったし、それほど気になるものでもなかった。でも時の流れとともに、それは、まるで真っ白な紙の上に落とされた一滴の墨汁が、じわじわと紙全体に広がっていくように、だんだんと私の心を支配するようになってきた。研究に夢中になっている時には、その妙なものは心の奥に忘れ去られていたけれど、ちょっと気を休めると、また現れてきて、心の中に暗い影を投げかけてきていた。でも、それがいったい何なのかわからないまま、気の休まらない日々が続いていた。やがて、その漠としたものが、その正体をはっきりと現してくる日がやってきた。それは、「人生いかに生きるべきか、生きることの意味は何なのか」という内なる心からの叫びのようなものだった。

それまで、そんなことは一度も考えたこともなかったし、一生懸命勉強し、希望していた大学に合格し、研究者を目指して大学院にまで進んできた。そこには、何の迷いも何の悩みもなかった。それは順風満帆の生き方だった。でも、私の心に芽生えたその暗い影は、それまでの生き方ではどうすることもできないものだった。寝ても覚めてもそれは心の内にちらついていて、それに答えを見つけ出さない限り、気持ちが悪くてどうしようもない状況になってきた。そして、いつしか死とも対峙せざるを得なくなってきていた。死んだら私はいったいどうなってしまうのだろうか？　死んだら私はどこに行ってしまうのだろうか？　そんなことにも頭を悩ませるようになってきた。

そんな悩みを抱えながら過ごしていたある日、ひとりの老人にめぐり会うことになった。この老人との語らいは、悩みに打ち砕かれそうな私の心を癒してくれたし、人として生きていく上でのかけがえのないもの、それは、まさに神様からの贈り物とでもいえるものを与えてもらうことになった。

私がいつも大学に通う道の途中に、ちょっとした神社があった。いつの頃からか、私はその境内を通って通うようになっていた。車の通る大通りの方が、大学に行くには近いけど、雑踏の中を歩くよりも、小鳥のさえずる神社の中を歩く方が、心が落ち着くような気がして、いつしか、境内を横切って通うようになっていた。

境内には、大きな桜の木が何本も植えられていたが、その一本の木の下に、ちょうど腰かけるのに都合のいい高さの石が置かれていた。ある時から、その石に腰かけて目の前を飛び交う小鳥たちを眺めている一人の老人の姿があった。髪は白く、頬には深いしわが刻まれていたが、その目は透き通る、まだ青年のような輝いた眼差しを秘めていた。これといって何をしているわけでもなく、ただ、小鳥たちのたわむれるのを見ながら、それだけで満足しているかのような微笑みが顔にはもれていた。何度か、遠目にその老人を眺めながら通う日々が過ぎたある日、いつもと変わらないその老人の姿に、少しばかり声をかけてみたくなった。

私　こんにちは。いつもおみかけしているのですが、なかなか声がかけられず、失礼かと思いましたが、声をかけてみました。いつも、ここで何をしていらっしゃるのですか？

ジー　何もしてはおらんがのう。

私　でも、向こうから見ると、なんだか何かを考えているように見えたのです。

ジー　ほう、そうか。昔はよく考えていたものじゃが、今は年を取り、こうして、鳥たちを眺めておるのが何よりも楽しみになってきたんじゃ。

私　昔は何を考えていたのですか？

ジー　大したことではないさ。誰もが当たり前に思っておるようなことを、それって何なんだろうかというように、自分で自分に問いかけていたものじゃ。

私　たとえばどんなことですか？

ジー　そうじゃな、私とは何なのか、時間とは何なのか、意識とは何なのかとかな。考えてもどうしようもないことなんじゃが、若い時には、そうしたことがなんだか心の片隅にいつもあって、そうした問題を解決しないと心に何かが引っ掛かっておるようで、気持ちが悪くて、どうしようもない時があったんじゃ。

私　で、そうした問題は解決できたのですか？

ジー　ま、解決できたというか、自分で納得できたものもあるし、今でも納得できないでそのままになっておるものもあるんじゃが、それはそれでいいのかなとも思えるようになってきたんじゃ。

（二）

この老人との会話は、始めはこんなものだった。でも、時が流れ、何度か話をしているうちに、いつしか、私はこの老人の内に秘められた奥の深い哲学的な思想を感じるようになってきた。そして、ある時、最近になって、私自身がなんとなく心の奥で悩み始めていることについて、話を聞いてもらうことにした。

私　ジー、私は、最近、妙なことを考えてしまって、それを考えると、夜もなかなか眠れなくなってしまうんです。

ジー　ほう、その妙なこととはいったいどんなことじゃ。

私　それは、人はどのようにしてこの地球上に誕生し、何を目的に生まれてきたのか、生きることの意味はいったい何なのかというようなことなんです。そして、死んだら私はどこに行ってしまうのか。そんなことを考えると、どうしても眠れなくなってしまうんです。

ジー　ほう、それはたいへんな問題じゃな。

私　ジー、人がこの世に生まれてきたことに、何か意味があるのでしょうか？　そして、人は、いったい何を目的として、何のために生きていけばいいのでしょうか？　それとも、そんな目的などなくて、世間がいうように、世のため人のために働いて、だんだんと年をとっていく、ただそれだけでいいのでしょうか？　でも、なんとなく、それだけでは納得できない何かを心の内に抱えたままのような思いがしてしまうのです。

ジー　そうじゃな。お前さんの疑問に思っておることは、実は、人間として生まれてきた者なら、一生の内に一度や二度は必ずといっていいほど考えることなんじゃ。わしも昔はそのことをよく考えた。そのことに答えを得ない限り一歩も先に進めないような時もあった。でもな、だれもその答えがわからんから、曖昧としたまま年をとり、次第にその疑問も薄れてきて、その大切な疑問に答えを得られないまま死んでいくんじゃよ。

今から、二〇〇〇年以上も前に、プラトンという哲学者が生きておったんじゃが、彼もその著書の中で、ほんの少しでも分別のある人間なら、誰であろうと、人生いかに生きるべきか、この命題こそ、生きていく上で一番に考えなければならんことじゃと語っておる(1)。

私　そうなんだ。そんな昔から、人は、生きることの意味について考えていたのですね。

ジー　画家であったゴーギャンを知っておるじゃろう。

私　はい。

ジー　彼も、タヒチの島で絵を描く人生を送っておったんじゃが、その絵の中に、実に奇妙なことを表現したものがある。ゴーギャン自身、その絵のタイトルに「我々はどこから来たのか、我々は何者か、我々はどこへ行くのか」と名付けておる。その意味は、お前さんがさっき妙な考えに悩んでおるといったものとまったく同じものじゃ。人はいったいどのようにしてこの地球上に誕生し、何のために生き、そして、死んだ後どこへ行ってしまうのか。これは、人間として生まれてきた以上、誰一人として避けては通れない大きな問題なんじゃ。それにもかかわらず、ほとんどの人は、そのことの不可解さを心の内に飲み込んだまま、何もないかのように生きておるんじゃ。

私　そうなんだ。あのゴーギャンも、私の悩んでいることを絵として表現していたのですね。とすると、私の抱いている疑問は、ジーが言うように、人間であればだれもが抱く疑問だということはわかるのですが、その疑問に誰も答えを出してはいないのでしょうか？

ジー　そうじゃな。人はいったいどのようにしてこの地球上に現われたのかという問いと、人は何のために生まれてきたのかという問いとは、実は、表裏一体の係わりにあるんじゃが、ほとんどの人はそのことに気付いてはおらんから、それぞれを別々なものとして考えてきた。そして、人は何のために生まれてきたのかという問いに対しては、哲学や宗教の問題として、そして、人間はどのようにしてこの地球上に誕生してきたのかという問いに対しては、生物の進化と関連して、その多くが科学的に考えられるようになってきておる。

我々はどこから来たのか
我々は何者か
我々はどこへ行くのか
ポール・ゴーギャン　作
(1897-1898年 製作)

私　そうなんだ。そう言われてみれば、生きることの意味というのは自分自身のことなんだから、それは哲学的、宗教的にしか考えられないものなのかもしれませんね。それに対して、人間はどのようにしてこの地球上に誕生してきたのかというのは、微細な生物からだんだんと進化して人間になったと科学的に解明されようとしていますよね。

ジー　そうじゃな。でもな、まだ科学が発達していなかった時代、人間がどのようにしてこの地球上に誕生してきたのかは、特にキリスト教を信じておる人たちの世界においては、聖書の創世記に、「神は御自分にかたどって人を創造された[2]」と書かれておることから、人は神によって創造された、と長いあいだ信じられてきたんじゃ。

私　ということは、昔の人には、人間がどのように誕生してきたのかという問題も、生きることの意味に関しても、同じ土俵というか、宗教と係わった問題だったということですね。

ジー　そうじゃな。

（二）

私　では、いったいいつ頃から、人間の誕生が科学的に考えられるようになったのですか？

ジー　それはじゃな、一八五九年にダーウィンが書いた「種の起原」が発端といっていいじゃろう。ダーウィンはその中で、この世に生きておるあらゆる生物は、変異と自然選択とを繰り返すことによって誕生してきたと語り、人間も下等な生物から、変異と自然選択を繰り返すことで誕生してきたことを暗示しておるんじゃ。そして、すべての生物が神によって創造されたという従来の考えに一石を投じたのじゃ。

私　そのダーウィンの進化論、高校の生物で学んだように思います。

ジー　そうじゃな。今では、このダーウィンの進化論というのは、一つの定説となっておって、お前さんが言うように学校でも教えられておる。ただ、ダーウィンの書いた「種の起原」は、確かに理屈的には、人を納得させられるのかもしらんが、心の底まで納得させるには、何かが欠けているように、ジーには思えるのじゃ。

私　それはどういうことなんですか？

ジー　ダーウィンの「種の起原」に書かれておることは、すべてが一見正しいことのようにみえる。でもな、ジーにはなんだか、ざるで水をすくっておるようで、肝心な何かが、心を通り抜けていってしまうような気がするんじゃ。それはお前さんが疑問に思っておる、人は何のためにこの世に生まれてきたのか、生きることの意味はいったい何なのかという、心の底から自然に生まれてくる疑問に答えを与えてくれそうもないからなのかもしらん。

私　そうなんだ。ジーにはそう感じられるんだ。

ジー　確かに、ダーウィンのいう、微細な生物が変異と自然選択とによって、長い時間をかけてだんだんと高等な生物へと進化し、やがて人間が生まれてきたというのは、理屈ではなんとなくわかるような気もする。でもな、それだと、なんだか何か大切なものが抜け落ちてしまっておるようで、どうもしっくりこないんじゃ。そして、その大切なものというのは、ジーの直感なのかもしれんし、ジーのこれまでの経験から感じられることなのかもしれんが、科学では決してとらえることのできないものであって、人間には、この世に生まれてきた必然性というか、使命のようなものがあるように思えるんじゃ。

私　うーむ、そうですよね。人間がただこの世に単なる偶然によって生まれ、この意識も偶然によって生まれてきたというのでは、なんだか、何かが物足りない気がしてしまいますよね。その物足りなさが何なのかは具体的にはわからないのですが。でも、偶然にしては、人が人を愛し、家族を思うその心が、あまりにも崇高すぎるようにも思えてしまいます。それと、私がだれに教わるのでもなく、生きることの意味を考え、夜も眠れなくなるほど悩んでいるというそのこと自体が、何か人間の生まれてきたことの必然性といいますか、人間として生まれてきたからには、やらねばならない何かを背負って生まれてきているように思えます。私には、まだその答えが見つかってはいないのですが、そうした疑問が誰に教わることもなく自然に生まれてきているというのは、私に生きるべき方向が生まれた時からすでに指し示されているようにも思えてきます。

ジー　そうなんじゃ。ジーがダーウィンの進化論をそのまま素直には受け入れられない何かを感じるのは、お前さんが言うように、人間には、何か必然的になさねばならんことがあって、偶然によって生まれてきたのではないという直感があるからなんじゃ。そうした直感的なものは、論理的にはなかなか説明できないから、どうしても科学の分野からは排斥されてしまうんじゃが、でも、ジーには、だからといって、生命そのものの営みや、人間の誕生が、すべて科学的に説明できるものだとは思えないのじゃ。

私　そうかもしれませんね。今の時代、科学が絶対のような世界が形作られてきていますけど、なんだかそれって、人間をだんだんと機械的な存在、ロボット的な存在にしてきてしまっているようにも思えます。生物の進化については、よくわからないのですが、直感的には、生命というか、この私として意識している私の心の世界、心の誕生というのは、科学ではとらえられないように思えますよね。

ジー　でもな、今の時代、人間の体の隅々までが、高感度な顕微鏡によって分析され、DNAだとか、ゲノムだとかいったものが詳細に分析されてくるにしたがって、遺伝子のことや、変異のことが、手に取るようにわかるようになってきておって、そのことによってダーウィンの進化論が、これまで以上に正しいものであると考えられるようになってきておるんじゃ。

私　そうなんだ。確かに、今の時代、科学は想像もできないほどのスピードで進んでいますものね。

ジー　でもな、ジーには、どんなに科学が細かな世界に観察の眼を伸ばしていったとしても、お前さんも感じておるように、心の世界の誕生を科学が明らかにすることなどできはしないだろうと思うのじゃ。でもな、科学者はそうは考えないのじゃ。DNAやゲノムの働きが明らかになってきたことで、いずれは心の世界までも、そうした分析によって明らかになると考え、ダーウィンの進化論の正当性をより強固に信じるようになってきておる。

私　ダーウィンの進化論というのは、詳細は知らないのですが、人間のもつ意識や、考えるという能力の誕生までも説明できる理論なのですか。さっき私が話したことですが、私の日々悩んでいる人として生まれてきたことの意味を求めようとする欲求というか悩みは、誰に教わったのでもないものなのですが、そうしたものもダーウィンの進化論によって説明できるものなのでしょうか？

ジー　実は、どうしてなのかジーにはわからんのじゃが、ダーウィンは「種の起原」の中で、人間の起源に関しては触れていないのじゃ。そして、心のことに関しては、触れないことにするとまで明言しておる。

私　えー、それってなんだかインチキみたい。だって、人間にとって一番大切なものは心ですものね。

ジー　そうじゃろう。一番肝心なのは人間の誕生、それは人間の心の誕生なんじゃからな。誰もがそう思うよな。ダーウィン自身も、ずっとそのこと、すなわち、人間の誕生のことが気になっておったようなんじゃ。だから、「種の起原」の中で触れなかったその点を、後になって「人類の起原と性淘汰」という本にまとめておる。

私　それで、人間の誕生も、人間の心の誕生も変異と自然選択という考えで説明できたのでしょうか？

ジー　その本の中で、ダーウィンは、多くの生物のもつ本能や習性を取り上げて、そうしたものの中に見出されるきわめて高度な知恵を基本において、人間の道徳心であるとか、言葉や道具を使う能力も、下等の生物から、変異と自然選択によって生まれてきたと結論付けておるのじゃ。でもな、そうした人間のもつ能力が、下等生物のもつさまざまな能力を基盤にして、ダーウィンの得意とする変異と自然選択によってもたらされたものだと結論付けることができても、お前さんが言うような心の底から自然に生まれてくる生きることの意味を求めようとする欲求は、変異と自然選択によるものだとはどうしても思えないのじゃ。

私　そうですよね。生きることの意味を求めようとするのは、誰かに問われたからとか、誰かに教えられたからというのではなく、自然に心の内から発せられてくるものですよね。そうした心の働きが、変異と自然選択によるものだとはとうてい思えませんよね。それと、そうしたことを考えるのは人間だけでしょう。犬や猫、チンパンジーにしてもそんなこと考えもしないですよね。だとしたら、そうしたことを問題として抱える心が人間になって突然現れたことになりますよね。それって、やっぱりダーウィンのいう考えからでは、決して生まれてはこないように思えます。

ジー　でもな、ダーウィンの考え以外にそうした心の問題の誕生を云々できる説がこれまでにあったかというと、神が創造したということでしめくくるしかなくなってきてしまう。そうすると、科学の世界では、それは論理性に欠け、何の根拠もないたわごとだとして排斥されることになってしまうのじゃ。でも、理屈では語ることのできないものもあるから、お前さんが夜眠れないほど悩むことが心の内から自然に湧き起こってくるのだとジーは思うのじゃ。でじゃ、ジーの直感が素直には受け入れることのできないそのダーウィンの進化論というのを少しばかりのぞいてみようと思うのじゃが、どうじゃろう。そうすると、新たな世界が見えてくるかもしれんからのう。

私　なんだかおもしろそう。

（四）

ジー　お前さんは、ダーウィンの「種の起原」を読んだことがおありかな？

私　いいえ、自然選択とか自然淘汰という言葉は聞いたことがあるのですが。そして、単純な生物からだんだんと変化して、動物が生まれ、サルが生まれ、やがてそうしたサルが少しずつ変化して人間が生まれてきたのだろうと、なんとなくそう思っている程度なんですけれど。

ジー　では、ジーが、少しばかりその「種の起原」というやつを紹介してみることにしよう。ダーウィンが生まれたのは一八〇九年。だから、もう二〇〇年以上も前のことになるんじゃな。生まれたのは、イギリス中央部、バーミンガムから北西に六〇キロメートルほど行ったシュルーズベリーという町じゃ。お父さんは医者で、敬虔なるクリスチャンの家庭に育ち、父親の家業を継ぐということで大学に入り、医学を専攻したんじゃが、生物学の方に興味をもっておったようで、途中で大学を変えて卒業することになった。

ちょうどその頃、イギリス国家が、南アメリカ大陸南端からチリやペルー、さらに太平洋に浮かぶ島々の海岸線の測量を行うのを目的に軍艦ビーグル号を出航させようとしておった。ダーウィンにとって幸運だったのは、ビーグル号のその出航には、測量の目的の他に、艦長の特命として、異国の自然誌の調査という目的があったのじゃ。そのことをダーウィンはある知人から聞き、その軍艦に同乗することを願い出た。その願いはかなえられ、自然誌研究者としてその軍艦に乗って、大西洋から南アメリカ、そして太平洋の島々を探検することになったのじゃ。その旅の途中で出合ったのが、かの有名なガラパゴス諸島という群島じゃ(3)。

私　あの人間よりも大きなカメがいるという島ね。

ジー　そうじゃ。ガラパゴス諸島というのは、南アメリカのエクアドルから西に一〇〇〇キロメートルほど離れた太平洋上に浮かぶ大小合わせて六〇ほどの島からなる群島で、そこには、ダーウィンがそれまで見たこともない珍しい生物がたくさん生息しておった。そこで、多種多様な生物を観察していくうちに、ダーウィンは、世の中に生きておるさまざまな生物が、神によって創造されたのではなく、少しずつ変化することで、進化してきたのだという考えを得ることになった。そして、そうした旅の中で出合ったさまざまな生物をスケッチしたり、そうした観察で気付いたことなどをメモとしてまとめておいて、帰国後、それらをもとにして、種の起原についての考えをまとめることになったのじゃ。

私　ダーウィンは、どのくらいのあいだビーグル号に乗って、そうした生物の観察を続けていたのですか？

ジー　五年ほどじゃろか。

私　ずいぶん長いあいだ航海していたのですね。そんなに長いあいだ観察を続けたのですから、メモやスケッチなども膨大な量になったのでしょうね。

ジー　そうじゃな。ダーウィンは生物の形態や行動様態には格別な興味を抱いておったから、そうした観察データは相当な量になったらしい。そうした観察から生まれてきたのが、小さな変化が積み重なって、大きな変化を生み、そのことによって新たな種が誕生してくるという、後に変異と自然選択による種の誕生といわれるようになった考えなんじゃ。そして、帰国後、この考えを実証するために、身近で行われている飼育生物や栽培植物の品種改良に目を付けた。

私　品種改良というのはときどき耳にしますが、ダーウィンの生きていた時代にもすでにそうした技術というか、手法があったのですね。

ジー　そうなんじゃ。たとえば、ハトを品種改良しておる人は、ハトの中に時として現れてくる変異をうまく成長させることで、自分の思い通りのハトを生み出すことに成功しておったが、こうした人工的に品種改良しておることと同じことが、自然の中でも行われておるのではないかと考えたのじゃ。もちろん、自然の中に人間が感じるような嗜好性などないのじゃが、その代わりに、個々の生物が生きていく上で有利となる変異が選択されておると考えたのじゃ。

私　その有利になる変異というのは具体的にはどういうものなんですか？

ジー　たとえば、蝶の羽の色について考えてみると、天敵にねらわれないような目立たない色に変異したものは、それだけ長く生き伸びることができるし、その遺伝子を持った子孫を残しやすくなるじゃろう。

私　そうか、有利な変異というのは、個々体が生き残っていくために有利ということなんですね。

ジー　そうじゃ。そして、個体が生き残っていくために有利な変異は、種の中に保持され、そうした有利な変異が蓄積され、有害な変異は棄てられていくことを自然選択と名付けた。そして、この世に生息しておる多様な生物は、長い時の流れの中で、単純な生物から変異と自然選択とを繰り返すことで、だんだんと形作られてきたと考えたのじゃ(4)。

私　なーるほど。変異と自然選択、それはわかりやすいですよね。実際、品種改良なんかは、それと基本的には同じことをしているのですから、実験的にも証明されているといえるのではないでしょうか。

ジー　そうじゃな。変異と自然選択による生物の進化というのは、お前さんも今納得したように、論理的でわかりやすい考えであることは確かじゃ。小さな変化が長い時の流れの中で積み重なって大きな変化になるというのは、だれが考えてもすんなりと心に入ってくる理屈じゃよな。そして、その理屈は科学が生物の細部、すなわち細胞であるとか、遺伝子であるといったものに分析の手を伸ばしてくるにつれ、ますます正しいものと考えられるようになってきておる。

私　ダーウィンの生きていた時代、変異が遺伝するといったことが具体的に明らかにされていたのでしょうか？

ジー　ダーウィンが生きておった時代には、まだ遺伝子であるとか、ましてやDNAといったものは発見されてはおらなかったから、ダーウィンは、その変異がどのようにして起きてくるのか、そして、それがどのようにして子孫に受け継がれていくのかについては、漠然としてしかとらえてはおらなかった。それでも、ハトなどの飼育をしておると、時として羽の色やくちばしの形がそれまでのものとは違うといった変異が現われたり、それが子供に受け継がれていったりするのを目にしていて、変異が遺伝されるということに関してはよくわかっておった。

私　そうか、遺伝子というものの存在はわかってはいなかったけれど、遺伝ということに関しては、そうした品種改良などによって具体的にとらえられていたのですね。

ジー　そうじゃな。やがて、ダーウィンの死後、遺伝のメカニズムや遺伝子の存在が具体的に突きとめられ、そうした遺伝子がＤＮＡによって形作られておることが発見されることになった。そして、そのＤＮＡの変異が、ある遺伝子の変化となって現われ、髪の色を変えたり、瞳の色を変えたりというように、形態的に変異を生み出すことが明らかにされてくるにしたがって、ダーウィンの進化の説は、ゆるぎないものになってきたんじゃ。

私　では、私が疑問に思っている人間はどのようにして誕生してきたのかというのは、単純な生命体が変異と自然選択とを繰り返しながら、少しずつ、長い時間をかけて人間へと進化してきたということで解決できたことになりますよね。でも、ジーはさっき、ダーウィンのいう進化の説が、それでもしっくりしないと言っていましたよね。それは、いったいどうしてなんですか？

（五）

ジー　それはじゃな、先にちょっと言ったように、ダーウィンのいうような進化の学説をわしの直観がすんなりと受け止められないからなんじゃ。断片的なんじゃが、生物の営みや人間自身のことを考えると、ダーウィンの学説のようには生物の進化が行なわれてはこなかったような気がするんじゃ。

私　そうなんだ。では、ジーはダーウィンの進化論がどこか間違っているとでもおっしゃるのですか？

ジー　断言はできないんじゃが、そうかもしれん。

私　えー、どうして？　だって、いまや進化論は世界中の科学者によって正しいものだと証明されてきているのではないですか？　さっきジーが言ったように、ＤＮＡによる分析で、ＤＮＡの変異が形態にある変化を引き起こすということが明らかにされてきていて、そうしたことによってダーウィンの進化論が広く科学界で受け入れられてきているのでしょう。

ジー　その通りじゃ。でもな、それでもわしには、ダーウィンの進化論が、すーと心の底に落ちてはこないんじゃ。ダーウィンのいうように、小さな変異が少しずつ蓄積され、やがて新たな種へと変化していくのだとしたら、なぜ、この世の中には、犬と猫の間に犬でもなく、猫でもないような生物がいたり、人間とチンパンジーの間にいくつもの中間の生物がいたりしないんじゃろうか？　そして、どの生物種も、互いに異なる種としてわれわれにもはっきりと違いがわかる状態で生きておるんじゃろうか？

私　ふーむ、それはどうしてなんでしょうか？　そう言われてみれば、キリンのように首の長いものだけではなく、首のそれほど長くないキリンに似た生物がいてもいいし、シマウマとキリンとが混ざり合ったような生物がいてもいいように思うけど、そうしたものがいないのはいったいどうしてなんでしょうか？

ジー　実は、ダーウィンも、そのことにはだいぶ頭を悩まし、必死で考えたようなんじゃ。そして、次のような理屈を考え出した。それは、現在生きておる生物は、完成されたものであって、

中間的なものは、すべて途中で消えてなくなってしまったとな。(4)

私　えー、それってどういうことですか？

ジー　たとえば、今人間に一番近い動物はチンパンジーだといわれておるんじゃが、そのチンパンジーと人間の共通の祖先が、どうじゃろうか一〇〇〇万年くらい前にこの地球上におったのかもしらん。その共通の祖先からいくつかのグループに分かれて、別々に生活するようになった。そして、それぞれがだんだんと異なる進化を遂げ、一方では人間に、一方ではチンパンジーになった。その共通の祖先から人間までの途中の生物は、皆消えてなくなってしまった。そして、チンパンジーと人間だけが完成された生物として今生きておる。だから、人間とチンパンジーの中間的な生物は今は生きてはいないのだというようにダーウィンは考えたんじゃ。

私　なーるほど、そうねー、それは、それで正しいように思いますが。だから、その消えてしまったものを探せばいいわけでしょう。それは、地中の中に埋もれているのではないですか。体そのものが残っているのは無理としても、骨は残っているでしょうから、少しずつ変化している様子や中間的な生物がいたことがその骨を発掘することでわかってくるのではないでしょうか？

ジー　その通りじゃ。ダーウィンもそんなふうに考えた。ところがじゃ。その地中深く埋もれておるものを発掘していくと、そんなふうになってはいないんじゃ。

私　えー、それってどういうこと？

ジー　たとえば、海で生きておった生物は、死ぬと海底に沈んでいく。そこに砂が流れ込んで、時の流れとともに砂の中にさまざまな生物の死骸が堆積していくことになる。その堆積したものが、あるとき、地球の地殻変動によって、隆起し、地上に顔をのぞかせてくると、そこには、古代からの生物の化石が、まるで博物館のように堆積しておる様子が見えてくる。そして、もし、ダーウィンのいうように、中間的なものはすべて絶滅しておるのだとするなら、そして、少しずつ変化しておるのだとすると、その古生物の化石の記録には、その様子が残されておってもいいはずじゃやな。

私　えー、普通はそう思いますけど。

ジー　ところがじゃ、古生物学者が、百年以上もの間、そうした古生物の化石を発掘してきても、一つの生物、一つの種が、少しずつ変化して新たな生物、新たな種に変わってきておったという様子がまったくといっていいほど見られないんじゃ。そして、見えてくるのは、何百万年もの間ほとんど変わらずにいた種が、あるとき突然新たな種へと変化しておる姿なんじゃ。古生物学者たちは、こうした現象を断続平衡と呼び、種は突然誕生し、その後は変化することよりも安定していることの方を好んでいるようだと、体験と観察に基づいた印象を語っておる。[5]要するに、ダーウィンが考えたようには、生物の進化は起きてはいなかったということじゃ。

私　えー？　じゃ、どのようにして生物は進化し、そして、人間は生まれてきたのでしょうか？

（六）

ジー　そうなんじゃや、そこが一番知りたい所じゃよな。でも、人間の誕生に関してはもちろんじゃが、小さな生命体がどのようにして生まれてきたのかに関しても、まだ多くの謎に包まれたままなんじゃ。たとえば、今、古生物の化石について話したが、その古生物の世界で、まだ解決できていない大きな問題がある。

私　どんな問題なんでしょう？

ジー　それはじゃな、今から五億四〇〇〇万年ほど前、カンブリア紀と呼ばれておる時代のことじゃが、地球上に多様な生物がほとんど一斉とも思えるほど、時期を同じにして誕生していたことがわかってきたんじゃが、ではそれはいったいどのようにして起きたのか、いろいろな考えは出されてはおるんじゃが、まだ確定されたものにはなっていないんじゃ。古生物学者たちは、それをカンブリア爆発と呼んでおるんじゃが、どのようにして多様な生物がそんなにも短期間に、それも地球規模で誕生してきたのか、まだ深い謎に包まれたままなんじゃ。

私　へー、それって不思議ね。もしダーウィンのいう進化論のように生物が進化してきているのだとしたら、何種類もの生物が地球規模でほとんど一斉に誕生するなんていうことは起こらないはずですよね。

ジー　そうなんじゃ。しかも、もっと不思議な形でそうした多様な生物が出現しておるんじゃ。

私　不思議な形？　どういうことですか？

ジー　お前さんは、種とか、属とか、門といったように生物が分類されておるのをご存じかな。

私　はい、それほど詳しくはないのですが、習ったような気がします。いちばん細かくされた生物の種類が種と呼ばれているものですよね。その種をもう少し大きな特徴でまとめたものが属でしたっけ。そのさらに上が、えー……なんでしたっけ?

ジー　その上に科があり、さらにその上に目、綱、門、そして界と続いておる。だから、人間について考えてみると、人間は、一番大きく分類された三つの界、すなわち鉱物界、植物界、動物界の内の動物界に属し、その動物界の中にあるいくつもの門の中で、脊索動物門に属し、その門の中で哺乳綱に属し、その綱の中でサル目に属し、その目の中でヒト科、ヒト属となり、さらにヒト属の中でヒト種となっておる。このように、現在この地球上に棲む生物の種は、何百万種とも何千万種ともいわれておるんじゃが、そのたくさんの種は、こうした分類をされており、一番大きな枠組みとして、いくつかの門に分かれておる。人間の属する動物界には、約四十種類の動物門があるんじゃが、そのほとんどがカンブリア爆発によって突然のごとく生まれておったのじゃ(6・7)。

私　ジー、ちょっと待って。それってどういうこと。動物界のほとんどの門がカンブリア紀に誕生していたということは、現在この地球上に生息する多種多様な動物の基本の形が五億年も前にすでに出来上がっていたということですか?

ジー　そうなんじゃ。五億年ほど前のわずか一〇〇〇万年ほどの間に、現在この地球上に生息する何十万種とも何百万種ともいわれる多様な動物の基本の形がすでに出来上がっておったんじゃ。一〇〇〇万年といえば、人間の生きておる時間からすれば気の遠くなるような長さなんじゃが、古生物の世界からみれば、それほど長い時間ではないのじゃ。

私　そうなんだ。

ジー　たとえば、ここ一〇〇〇万年のことを考えてみても、新しい門ができたことはもちろんないし、一〇〇〇万年の間では、新たな種ができた程度の変化しか起きてはいないんじゃ。さっき言ったように、人間とチンパンジーとの遺伝的差異が生まれたのもここ五〇〇万年から一〇〇〇万年ほどの間だと推定されておる。古生物学の世界からみたら、一〇〇〇万年というのはそれほど長くはない期間なんじゃが、どうしてそれほど短い期間に、分類学上からみれば非常に異なった生物が、そんなにもたくさん誕生していたのか、ダーウィンの進化論では説明することが難しいんじゃ。

私　そうか、そうですよね。小さな生命体が変異と自然選択とで少しずつ変化していくというのがダーウィンの進化論ですから、門のような大きく異なる生命体がいくつも同じ時期に誕生していたというのは、ダーウィンのいう進化論ではなかなか説明できないですよね。

（七）

ジー　ところがじゃ、その門の誕生と関係して、ダーウィンの進化論で説明することが難しいのは、それだけではないんじゃ。

私　なんでしょう？

ジー　いいかのう、もし、単純な生命体が、変異と自然選択とを繰り返して少しずつ進化してきたのだとするとじゃ、始めに生まれてくるのは、その単純な生命体とかなり近い種であり、その種がだんだんと枝分かれしていって、そうして生まれてきたいろいろな種は、共通な特徴をもつものとしてまとめ上げられ、属と呼ばれるグループに分類され、その属がまた多様に変化していくことで次の分類としての科が生まれ、そして、綱から門が生まれてくるというように、まるで木のように、幹から枝へ、枝から葉へと、下位の集団（種）から上位の集団（門）へと進化が進んでくるというのが自然じゃろう。

私　うー、そうですね。よく、生物の進化を説明した図に、ツリー状の進化の様子が表現されていますが、始めに単純な生物がいて、それが少しずつ変化し、枝葉の方にいくにつれて差が大きくなり、そうした差を特徴ごとにまとめ上げていくと、たくさんのグループに分かれてくる。それがさっきジーが言っていた生物の階層的な分類ですよね。

ジー　そうじゃ。一般的には、ダーウィンの進化論を説明する図として、今お前さんが言ったツリー状に表現された進化の様子が描かれておる。ダーウィンにしても、この進化の流れが自身の考えた生物進化の学説でもっとも肝心なところだと考えておったようで、「種の起原」の中で描いたただ一つの図が、このツリー状に表現された生物進化の流れなんじゃ。ダーウィンの進化論では、そうした生物の進化が一般的な流れであるし、そうした流れは、誰もが考えやすいし、納得のいく説明じゃよな。

私　そうですね。

ジー　でもじゃ、カンブリア爆発では、そうした誰もが理解しやすい流れではなく、綱や、目や、科といった生物が誕生することなく、いきなり門が生まれてきておるんじゃ。しかも何十と異な

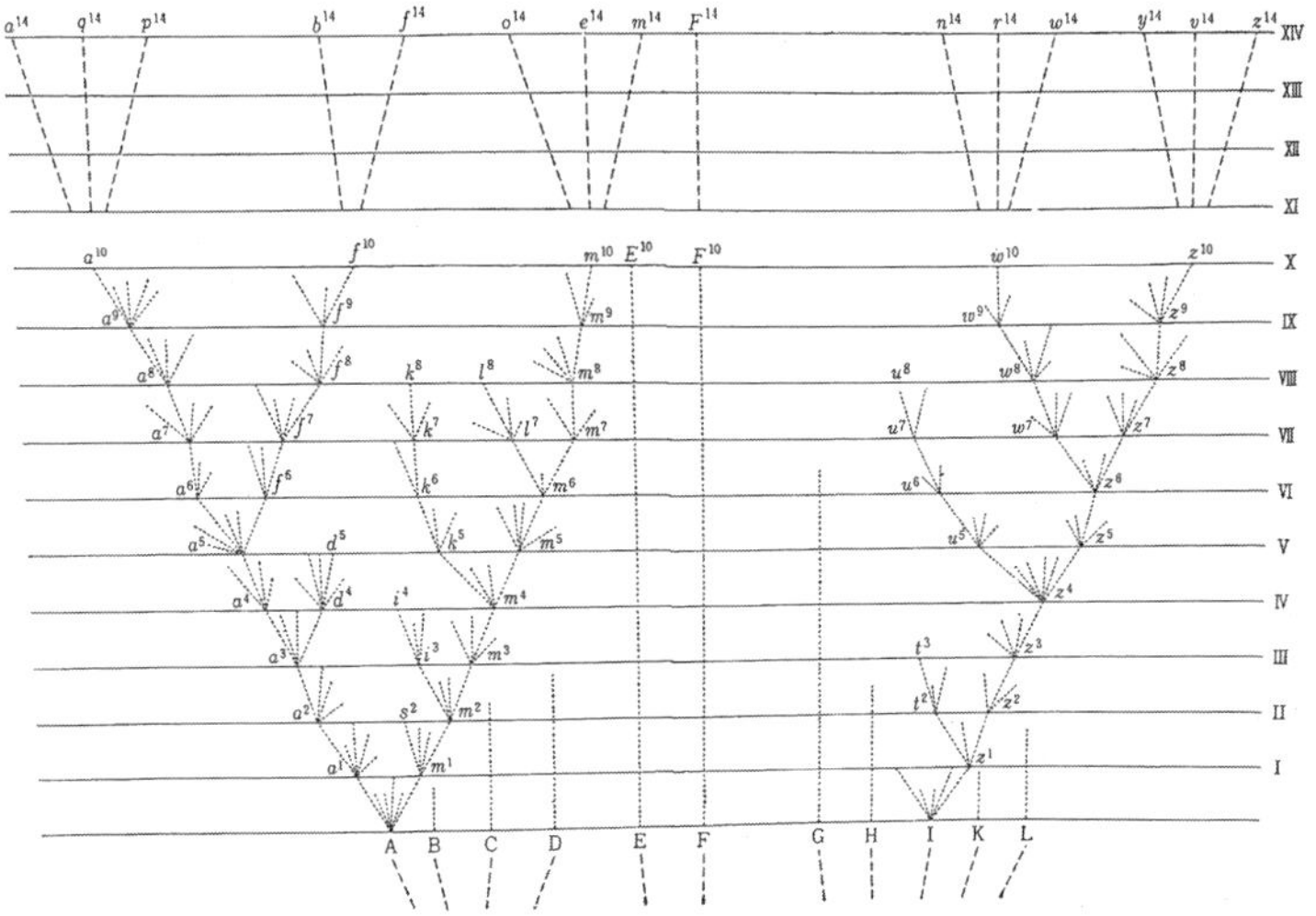

ダーウィンが「種の起原」の中に載せた唯一の図(4)

AからLは、ある属の種であり、種Aと種Iとが示しているように、時の流れ（縦方向）とともにだんだんと変異・分岐して、新たな種を生み出し、何千世代を経ると、それらが新たな属や科を、さらには目されも生み出すとしている。

る門がじゃ。そして、それ以降、新たな門は生まれてはいないんじゃ。

私　えー、それってどういうこと？　さっきのツリー状に表現された生物進化の流れだと、門のようにその生物の特徴がはっきりとしていて違いの大きなグループは、時代が経った後の、すなわち地球の歴史の後の方に出現してくるはずですよね。だって、ダーウィンの進化の説に従うなら、時間とともに変異が蓄積して、生物間の違いが大きくなってくるのですから、大きな違いは、時の進んだ後の方に現われてくるのが当然のことですよね。

ジー　その通りじゃ。

私　なのに、今ジーが説明してくれたように、五億年ほど前のカンブリア紀に、突然何十もの門が出現して、それ以降、新たな門が誕生していないというのは、どう考えても、ダーウィンの進化論では説明できない、というよりも、むしろそれとは真逆なことが起きていたことになりますよね。

ジー　そうなんじゃ。

私　でも、ちょっと待って、……それって、カンブリア紀の地層だけがしっかりとした形で残されていたために、カンブリア紀の生物だけが突然誕生してきたかのように見えているだけなのではないですか。カンブリア紀以前の地層で、しっかりとした形で残されているものがあれば、その地層の中に、カンブリア紀に突然誕生したかのように見える生物が、それ以前からのゆっくりとした、まさにダーウィンがいう進化の形で変化してきていたことがわかる痕跡が残されているのではないでしょうか。

ジー　お前さんの言う通りじゃ。ダーウィン自身も、カンブリア紀の生物の突然の誕生というものを知っておった。だから、もし、カンブリア紀に何の前触れもなく、そうした多様な生物が地球上のあちこちでほとんど同時的に突然誕生してきたのだとすると、ダーウィンがせっかく考え、作り上げてきた進化の理論が水泡に帰してしまうということもダーウィン自身言っておったのじゃ。だから、この現象が自説と矛盾しないよう、カンブリア紀以前の地層は大地の圧力や、地中の熱などによって長い間に破壊され、カンブリア紀以前の生物は、そうした地層の変形とともに消えてなくなってしまったと考えたんじゃ(4)。

私　そうか、そういわれてみるとそうね。五億年以上も前の地層なんて、大地の圧力も相当なものでしょうし、地殻変動などによって大きな変化を受け、その地層に堆積していた生物がその形をとどめて残されていることなど、ちょっと難しいかもしれませんね。

ジー　そうじゃな。ダーウィンはそう考えて、自身の学説に決定的打撃を与えるかもしれないその問題を乗り越えられたと考えたんじゃ。やがて、ダーウィンの死後、古生物の世界での発掘が進むにつれて、カンブリア紀以前の地層も発掘されるようになってきた。そして、そこには、当時生きていた生物がはっきりと残されておったのじゃ。

私　えー、じゃー、ダーウィンの説は正しかったということになるのでしょうか？

ジー　ところがじゃ。そのカンブリア紀直前の地層で発掘された生物の化石は、カンブリア紀に生きておった生物とは似ても似つかわない生物ばかりなんじゃ(7)。そして、そうした生物が絶滅した直後、間髪を入れずに、カンブリア紀の生物が新たに誕生しておるんじゃ。このカンブリア爆発に関しては、専門家の間でも、なぜこの時期に、どのようにしてこんなにも大きく異なる生物が誕生してきたのか、まだ謎に包まれたままなんじゃ。そして、研究者の中には、こうした生物の突然の誕生が、これまで多くの科学者に信じられてきたダーウィンの説では説明できないとして、他の進化のメカニズムを考えようする者も現れてきておるんじゃが、なかなかつじつまの合った考えは生まれてきてはいないんじゃ。その一方で、ダーウィンの進化論を強く信奉する科学者の中には、こうした現象までもダーウィンの進化論によって説明できると、いくつかの考えを提案してきておるんじゃが、これぞといった決定的なものが見出せないままなんじゃ。

（八）

私　不思議ね。一番初めに思ったことは、ダーウィンの進化論が正しいのだとすると、なぜ中間的な生物がこの世に見当たらないのかという単純な疑問でしたよね。その疑問に答えるために、大地の中に残された古生物の記録を見てきたんだけれど、その中にも、ある種から次の種への漸進的な移行の痕跡が見つかっていないというのは、何とも不思議なことですよね。

ジー　そうなんじゃ。生物の進化を目に見える形でとらえられたらと思うんじゃが、肝心なものがどこにも見当たらないというのはいったいどうしてしまったんじゃろうか。でも、こうしたなんとも不思議なことが、現実に起きていたことが化石記録から明らかにされてきても、科学の世界では、ダーウィンの説く進化論をどこまでも正しいと信じて、そうした古生物の化石記録をもダーウィンの進化論で、あるいはそれに少しばかり変更を加えることで説明できると言い張る科学者が、まだ大半を占めておるんじゃ。

私　それはどうしてなんでしょうか？　この世に起きていることは、すべて科学で証明できるという思い込みがあるのでしょうか？

ジー　そうかもしれん。ただ、そうした不思議なことが、科学的な探求から明らかになってくるにしたがって、科学者の中からも、生物の進化が、ダーウィンの説く進化論によるのではなく、もっと違った力なり作用が生命の世界では働いておるのではないかと他の要因を模索する研究者も現れてきておる。そうした研究者たちには、さまざまな生物のゲノムを分析していくにしたがって、遺伝子の働きがきわめて知的なものとして活動している姿が見えてきておるらしいんじゃ。

私　遺伝子の知的な活動というのはどういうことなんですか？

ジー　たとえば、人間のゲノムには、二万数千種類の遺伝子があるといわれておるんじゃが、その遺伝子の数は、単純な生命体とそれほど差はないし、チンパンジーの遺伝子配列とは、高々一％程度しか異なっていないんじゃ[8]。すなわち、単に遺伝子の数の違いや異なりが種の違いを生み出しておるのではなく、遺伝子以外の何か——それは知的なものと考えられておるんじゃが——その知的なものが遺伝子に作用しておるのではないかということじゃ。

私　そうなんだ。私は単純だから、高等な生物になればなるほど遺伝子の数は増えてきているように思ってしまうのですが、実際にはそうではないのですね。

ジー　そうなんじゃ。始めは、研究者のほとんどがそう思っておった。でも、人間のゲノムが詳細に分析されてくるにしたがって、人間の遺伝子の数が予想よりはるかに少ない二万数千個であることがわかってきた。[9] そして、このように少ない遺伝子から、人間の複雑な体や脳の構造がいったいどのようにして作られてきておるのか、新たな問題として科学者自身が頭を悩ませておるんじゃ。さらに驚くことは、人間の遺伝子の数が、イネの遺伝子の数よりずっと少ないことや、ウニの遺伝子の数が人間の遺伝子の数とほとんど同じであり、しかもその七割近くが人間の遺伝子と共通しておるらしいんじゃ。[9] こうしたことが次々に明らかにされてくることで、人間の遺伝子の数が、他の生物より優位であるはずだという予想は、完全に覆されてしまったんじゃ。

私　えー、そうなんだ。イネの遺伝子の数より人間の遺伝子の数の方が少ないなんて、とても信じられませんよね。イネはどうみたって、人間以上の複雑で高度な機能を持っているとは思えませんもの。それと、人間の遺伝子とウニの遺伝子とが七割近くも同じだなんて、ではいったい遺伝子の働きはなんなんだということになってしまいますよね。

ジー　ま、そういうことになってきてしまうじゃろうな。ただ、そうした中で、だんだんと新たにわかってきたことは、一つの遺伝子が、一つの持ち分だけを担当しておるのではないということじゃ。すなわち、一つの遺伝子が、一つの機能や一つの器官と係わって用いられておるのではなく、たとえば、一つのゲノムの中で、同じ一つの遺伝子が、心臓と眼と指というように、異なる場所で何度も使われていたりすることがわかってきておる。[10]

私　えー、一つの遺伝子が一つの機能と係わっているということではないんだ。それって、なんだか複雑な世界のようにも思えてきますね。

ジー　そうじゃな。だから、ゲノムが解読され始めた頃、病気を誘発する遺伝子が特定されれば、その遺伝子の異常を抑える薬を開発することで病気の治療ができると考えられておったんじゃが、そうした研究を続けていくと、実際には、そうなってはおらなくて、一つの病気に係わる遺伝子の数が何十とあることがわかってきた[11]。そして、遺伝病は別として、一般的な病気をゲノムの研究成果だけでは遺伝子要因の一〇%程度しか説明できず、残りの九〇%は謎に包まれたままなんじゃ。こうした研究から見えてくるのは、一つの機能や形態を生み出しておるのが、単なる個々の遺伝子だけによるのではなく、そうした遺伝子全体と係わった遺伝子以外の何かによっておるのではないかということじゃ。

私　それが、さっきジーが言っていた知的な存在ということなんですね。

ジー　その通りじゃ。

私　ということは、遺伝子をまとめ上げ、全体を統括している何か司令部のような知的なものが存在しているということなんでしょうか。もしそうなら、生物を複雑というか高度なものに進化させているものが、遺伝子そのものや遺伝子の数によるのではなく、その司令部のようなものの能力にあるような気がしてきますよね。

ジー　そうじゃな。そのことは、また話の中で出てきおるじゃろうから、その時に詳しく話すことにして、その司令部の存在と係わって、もっと不思議なことが生物の世界では起きておるんじゃ。

私　もっと不思議なこと、それって何でしょう？

（九）

ジー　それはじゃな、受精した卵の細胞が、細胞分裂を起こして成体に成長していくプロセスじゃ。精子と卵子とが結合して一つの卵細胞ができるのは知っておるじゃろう。

私　はい。

ジー　不思議なことは、その一つの細胞、それは今言った精子と卵子とが結合してできた卵細胞なんじゃが、その一つの細胞は、ある時間がたつと二つの細胞に分裂するが、その時それぞれの細胞には、初めの卵細胞にあったゲノムとまったく同じゲノムが入っておる。すなわち、初めの卵細胞とまったく同じ細胞が二つできたことになる。そして、これらの二つの細胞も、ある時間が経つとそれぞれが同じように分裂して四つになり、やがてそれらが八つになるというふうにしてだんだんと細胞の数を増やしていくのじゃが、その増えてきた細胞一つ一つにもまったく同じゲノムが等しく与えられておる。要するに、細胞は、自ら分裂して自分とまったく同じ細胞を作り出しておるということじゃ。

私　へー、それって不思議ですね。細胞一つ一つがまさに生きているんだ。

ジー　そうじゃな。ま、これだけでも不思議といえば不思議なんじゃが、もっと不思議なのは、次のことじゃ。その同じゲノムを持つ同じ細胞が、次々に分裂して、人間の場合には最終的には四〇兆個もの細胞になり、人間の体を作り上げるのじゃが、その分裂を繰り返している中で、ある時から、ある細胞は皮膚の細胞として働き始め、ある細胞は臓器を作る細胞として働き始めるというように、それぞれの細胞に役割が生まれてくるんじゃ。いったいこの役割はどこから生まれてくるのじゃろうか？

私　え、えー。ちょっと待って。それらは、同じゲノムを持つ同じ細胞ですよね。

ジー　そうじゃ。

私　それなのに、どうしてある時から一つ一つの細胞の役割が異なってくるのでしょうか？　そうしたこともゲノムの中にすでに書き込まれているのでしょうか？

ジー　そこなんじゃ。いったい何が、一つ一つの細胞に個性というか、それ特有の働きをもたせておるのか？　ある研究者は、細胞ごとにある時から異なった遺伝子を活性化させる遺伝子スイッチが働くからだと考えておるし、[10]ある研究者は、遺伝子だけが遺伝情報を持っておるのではなく、細胞そのものも含めて何かまだ未知な遺伝情報があるのではないかと考えておる。[12]いずれにしても、研究者がそうした細胞やDNAを探求していけばいくほど、新たな問題が次々に浮かび上がってきておるんじゃ。そして、そうした複雑なことが、はたしてダーウィンのいうような変異と自然選択ということだけで出来上がってきておるのか、新たな疑問が生まれてきておるんじゃ。

私　そうね、これまでしばらくは、遺伝子やゲノムの話が面白かったので、ダーウィンの進化論のことは気にしていなかったのですが、これまで聞いてきたことを総合的に見てみると、人間の遺伝子の数よりイネの遺伝子の数が多かったり、ヒトデの遺伝子と人間の遺伝子とが七割近くも同じであったりということは、生物の進化、新たな生物種の誕生が、遺伝子に起きた変異と自然選択だけでは説明ができそうには思えなくなってきましたね。そして、こうしたことが物語っているのは、一〇〇年以上も正しいと信じられてきたダーウィンの進化論では、生命の進化としての種の誕生を正しくとらえきれていないということになるのでしょうか？　これほど発達してきた科学が、また聖書の語るような、人間は神によって創造されたという世界にもどっていくのでしょうか？

ジー　そこなんじゃ。どうも生物の進化という問題は、一見科学の分野のように見えるんじゃが、何かそれだけではないものが秘められておるように思えるんじゃ。一番始めにジーが、これといった確固とした理由はないんじゃけれど、どうしてもダーウィンの進化論を正しいものとしてそのまま受け入れるには抵抗があるといったじゃろう。その直感は、どうやらそうしたところから生まれてきておるのかもしれん。

私　ということは、生物の進化や人間誕生の陰には、これまでの科学ではとらえることのできていない何かがまだ隠されているということなんでしょうか？

（十）

ジー　そうじゃな、これまでの科学的分析だけではとらえられない何かが生命の営みには隠されておるのかもしれん。それがいったい何なのか、ジーにもはっきりとはわからんのじゃが。ただ、科学というのは、先にも言ったように、こと生命、そして生物の進化ということに関しては、ざるで水をすくっておるように思えるんじゃ。

私　それって、どういうこと？

ジー　要するにじゃ、科学では生命そのものをとらえることができないということじゃ。遺伝子がＤＮＡという高分子によって作られておること、そして、そうした遺伝子が規則正しく並んでそれぞれの生物のゲノムとなっておるということの解明は、まさに科学の偉業だし、科学ならではの力であろう。でも、その一方で、必ずしも遺伝子の数の多さが高等生物を作り上げておるということでもないという、まだ科学にとっての未知な世界もあるということも事実じゃな。そして、その科学のメスが細部に入れば入るほど、科学的には解明できないものの存在がより具体的な形で現われてきておるということじゃ。そして、その科学的に解明できないものとの係わりが、実は生命の本質と係わっておるのではないのか、そして、そこに宗教的なものとの係わりが生まれてきておるのではないのか、ジーにはそう思えるんじゃ。

私　科学と宗教ですか。宗教的なことは、あまりよくわからないのですが、祈りという営みは、古代から人間社会において普遍的になされてきていますよね。そうした祈りのもつ力というのは、科学とはまったく次元の異なった心の世界になってきますよね。それは、私が生きることの意味を求めて模索していることと係わりがある世界のようにも思えますが、その宗教的なものと科学的なものとが、生物の進化という問題には、深く係わってきているということなのでしょうか？

ジー　そうなんじゃ。科学は確かに具体的に見える世界で、見えるものをこと細かく分析しておるから、その結果は論理的であり、説得力がある。ところが、お前さんが今言ったような神への祈りのように、見えないものの存在を科学ではとらえることができないから、その見えないものには蓋をして、見えるものだけで理屈を作ろうとしてきた。でも、心ある人からするならば、その見えないものの存在こそが生命の進化、生物の進化にとって重要なのだと感じたりしておるんじゃろう。だから、この生命の進化、生物の進化と係わった世界では、単純に科学だけの独壇場ではなく、宗教とも深い係わりが生まれてくることになるんじゃ。

私　なーるほど。だから、ジーが前に言っていたように、人間がどのようにして誕生してきたのかということと、生きることの意味を考えることとが表裏一体となっていて、それが科学と宗教に係わってくるということなんですね。

ジー　そうじゃ。科学が明らかにしてきていることは、確かに論理的で一見整然としていて理解できるように思えるんじゃが、何か大切なものが切り落とされておる。その一番大切なものは、目には見えないし、科学でも明らかにできそうもないものだけど、人間の直感だけは、なんとなくその存在を感じとっておるのかもしれん。ジーが、ダーウィンの進化論をすんなりと受け入れることができないのは、そんな直感があるからじゃ。そして、宗教は、その直感と係わってきておる。だから、生物の進化、種の誕生に関して、科学と宗教とが激しく論戦することにもなってしまうんじゃ。

私　生物の進化というのが科学と宗教との論戦になっている現実があるということでしょうか？

ジー　そうなんじゃ。日本では進化論に関して、宗教と科学とが激しく対立しておるということをほとんど耳にしないんじゃが、アメリカでは、生物の進化、種の誕生に関して、科学と宗教とが激しく対立しておる。科学は、ダーウィンの進化論を基本にして、この世に現在生息する生物は、単純な生命体から、変異と自然選択によって少しずつ進化してきたもので、そこから人間も誕生してきたと進化論の立場に立っておるのに対して、宗教、特にキリスト教を信じておる人たちは、神が人間もすべての生物も創造されたという創造論を擁護する立場に立っておる。州によっては、ダーウィンの進化論を学校で教えるのなら、神が人間やその他の生物を創造されたという創造論も教えるべきだという運動が起きていて、裁判にまで発展しておる[13]。そして、科学と宗教という二つの側面から、生物の進化、人間の誕生ということが激しく議論されてきておる。その議論が激しいというのは、それだけ、科学と宗教というのが、人間が生きていく上できわめて大切な世界であるということ、そして、人間誕生に見る生物進化の問題が、単に科学が明らかにしてきた見えるものだけで成り立っておるのではないという人間の直感との係わりがあるということも物語っておるんじゃな。

私　そうね。私たちは、高度に発達した科学技術の恩恵を受けながら、日々の生活をしているけど、そのことによって科学がすべてだとは決して思ってはいないですよね。私が夜眠れないほど悩んでいるという生きることの意味も、それは科学では決して解決できそうもない問題だと思いますし、何か悪いことをしてしまったときに、崇高な神様のようなものに自然に懺悔しているのも、そこには、見える世界の背後に見えない世界があることを感じ取っているからなのではないでしょうか。そして、そうした見えない世界と係ってくるのが宗教ということですよね。

（十一）

ジー　そうじゃな。人類がこの世に誕生した時から、さまざまな形で宗教的な儀式が行われてきたりして、今でも、世界中のほとんどの民族が何らかの宗教を信じておる。宗教は、人間の生活の中になくてはならない必要不可欠のものじゃ。その宗教が物語っておるのが、聖書の創世記に語られておるように、人間もあらゆる生物も神によって創造されたということなんじゃが、それは、なにも聖書だけに限った話ではない。創造神話というのは、多くの宗教に見られることじゃ。だから、非科学的かもしれんが、何か人間の理解力ではおよぶことのできない偉大な力が、生物の誕生には秘められておるということを昔の人たちは現代の人たち以上に強く感じ取っていたのかもしらん。

私　そうかもしれませんね。

ジー　ところが、近代になって、科学が発達してきて、多くの自然現象が、人間の理性によって理解できるようになってきた。雷はもう神様の怒りでも何でもなくなってきておるし、皆既日食は、月が太陽を隠しているだけであって、不吉なことの前兆でも何でもないというふうに、昔は不思議であり、その不思議さがゆえに神の力と係わらせていたものが、だんだんと科学によって論理的に説明されてくるにしたがって、人間の社会から神的なものがまるで潮が引くように影をひそめてきておるということじゃ。そして、ダーウィンの進化論は、まさに、その潮の引くのと機を同じくして、生命の営みにおいても神的な存在を追い払う方向で世の中に受け入れられるようになってきたんじゃ。

私　ということは、同じ世界に住みながら、昔の人と現代人との間では、考え方の基盤が違ってきているということになるのでしょうか？　そして、その基盤に大きな影響を与えているのが科学ということね。

ジー　そうじゃな。宗教は、目には直接見えないものの存在を感じ、それに対して係わろうとするのに対して、科学は、目に見えるものだけを絶対として、目に見えないものを云々することから極力距離を置いてきた。科学と宗教というのは、人間の抱く、あるいは生命の抱く二つの側面であり、見えるものと見えないものの世界を互いに別々に語り合っていることになるのかもしれん。

私　そうですね。

ジー　ただ、科学が発達するにつれ、見える世界の分析だけが優位になり、見えない世界が人々の心の内で希薄になってきておるということじゃ。人間は、見えるものによってその存在を確信するものじゃから、見えないものに価値を置く宗教的なものが、論理の世界からは一掃されるようになってきてしまったのじゃ。生物の進化、人間の誕生というのを冷静に考えてみれば、それは生命の営みであり、その生命の営みがはたして見える世界だけから成り立っておるのか。科学者はそう考えておるのじゃが、はたしてどうなのか。そこに、生物の進化、人間の誕生を中心において、科学と宗教という二つの側面から激しく議論がされておるんじゃ。
私　そうか、ジーに言われてみて初めて気が付いたのだけれど、進化を議論するというのは、生物の進化、人間の誕生を探求するものだから、完全に科学的なものだと思っていたんだけれど、よく考えてみると、それは生命の進化であり、科学がはたして生命そのものを分析できるのか、むしろ、そうした生命と係ることは、宗教的でもあるのですね。そして、さっきジーが説明してくれた遺伝子の数の問題や、同じ遺伝子をいくつか異なる機能を生み出すために活用させている司令部のようなものの存在も、まさに生命そのものと係わり、宗教的なものとも係わってくることになるのかもしれませんね。
ジー　そうじゃな。何千万年、何億年という長い時の流れの中で起きてきておる生命の進化、それは、時間的に見ていくと確かに科学によって解明できるようにも思えるんじゃが、先に言ったように、人間の抱いておる精神世界のことを考えてみると、はたして、そうした精神世界の誕生が科学的なアプローチで考え出された理屈通り行われてきたのか疑問が生まれてくるんじゃ。
私　そうですね。
ジー　ダーウィンの進化論は、ダーウィン自身が世界中に分布する多くの生物を観察する中から、ダーウィン自身の直感によって考え出された理論というか一つの学説であって、その根底には、観察という科学的アプローチがある。ダーウィンによって有名になったガラパゴス諸島には今でも不思議な生物がたくさん生息しておるが、そうした多種多様な生物を観察したり、さらには、ダーウィンは実際にハトを飼って、それらの変化を長い間観察してもおる。そうした観察という科学的なアプローチに基づいて彼なりの学説を作り上げた。だから、彼の学説は、見えるものに関しては、きわめて論理的で、科学的なんじゃ。ただ、その論理を基盤にして考えた時に、さっきすでに言ったように、生物の世界で現実に起きておるいくつかの事柄がそれだけではなかなか説明がつかないという問題も起きてきておる。ダーウィン自身もそうしたことに気付いておって、自身の学説ではなかなか説明できない問題を学説の難点として取り上げておる。(4)

私　へーそうなんだ。ダーウィン自身も自分の考え出した進化論では説明しがたい難問に直面していたんだ。で、それはどういう問題なんですか？

（十二）

ジー　一つは、生物の進化が変異と自然選択によって少しずつなされてきておるのだとしたら、そうしたゆっくりとした変化がなぜ化石に残されていないのかという問題じゃ。これについては、断続平衡の現象やカンブリア爆発とも係わってダーウィンの進化論では説明しがたいものとしてすでに話したことじゃな。

私　そうですね。

ジー　そのこと以外の難点として、二番目のものは、種間の不稔という問題なんじゃが、種が異なると交配ができない、すなわち、種が異なると子供が作れないということじゃ。そして、たとえ交配ができたとしても、生まれてきた子供には子孫を残す能力がなくなってしまうんじゃ。たとえば、ウマとロバを交配して、ラバが生まれてくるが、ウマとロバは種が異なるので、生まれてきたラバは、子供を作れない。ウマとロバとの染色体の数が異なることで生殖作用に異常をきたし、子供を作れない状況になってしまうらしい(14)。

私　そうなんだ。

ジー　そんなふうにじゃ、種が異なると、たとえ交配ができたとしても、その後、子孫を残すことができなくなってしまう。もし、ダーウィンがいうように、単純な生物から変異と自然選択によって少しずつ変化してきたのだとしたら、多様な種というのがいったいどのようにして生まれてきたのかが疑問になってしまうんじゃ。ダーウィンがあげた自身の説に対する難点の二つ目は、この異種間での不稔の問題じゃ。

私　そうね。異種間では交配ができない、すなわち子供が作れないというのなら、いったいどのようにして新たな種が誕生してきたのか、なんだか答えに窮してしまいますよね。

ジー　じゃろう。ダーウィンは、そうした問題に関しても、変異と自然選択によって、分離した種間で、だんだんと交配ができないようになっていくものと考えた。でも、この問題は、今でもなかなか厄介な問題で、一つの種が分離し、異なった環境の中で独自に進化することで、やがては交配のできない異種となるのではないかと考えられておるんじゃが、本当のところはまだ誰もわかっていないというのが正直なところじゃなかろうか。

また、ダーウィンは、本能ということに関しても疑問を抱いておった。たとえばクモが本能的に巣を作っておるが、ああした能力が本当に変異と自然選択だけで生まれてくるものなんじゃろうかとな。

私　そうですよね、クモの巣なんてすごくきれいですし、どんなクモも本能的にああした巣を作ることができるし、蜂だってそうですよね。蜂の巣も見事な巣になっていますよね。ああした巣作りの能力はいったいどこからくるのでしょうかね。

ジー　そうなんじゃ。そうした本能的な能力というのは、どの生物でも素晴らしいものをもっておる。ダーウィンは、そうした本能的なものの誕生を自分の考えた学説で説明できるのじゃろうかと疑問をもったのじゃ。

私　それはできたのですか？

ジー　ダーウィンは、その本能も、形態と同じように、有利な変異が少しずつ蓄積されることによって獲得されてきたと考えた。もちろん、そこには、ダーウィンといえども具体的な証拠をあげることはできてはいないんじゃが、ダーウィン自身そうなっているものと信じるということで結論付けておる。ただ、ダーウィンは、この本能との係わりでちょっと矛盾したことを言っておる。

私　え、それって、どんなことですか？

ジー　本能のことについて議論する最初のところで、次のような言い訳がましいことを言っておるんじゃ。「私はまず最初に、心の能力がはじめいかにして生じたかについては、生命そのものの起原についてと同様に、あつかうつもりがないことをいっておかねばならない」[4]とな。ジーには、本能も心の一つの現れじゃと思えるのじゃが、ダーウィンはその心の能力がどのようにして生じたかを扱おうとしないと言っておる。要するに、ダーウィンは、生命の営みである種の誕生、さらには人間の誕生に関して、肝心な心の世界の誕生を議論しようとはしなかったのじゃ。だから、本能に関しても、心の世界から見ようとはしないで、見える世界に現われてくる行動パターンだけで説明しようとしておるんじゃ。

私　それって、生物の行動を観察して、その行動を本能として記述しているだけで、その本能そのものを生み出しているその生物の内的世界にはまったく触れてはいないということなのね。

ジー　その通りじゃ。観察しておる生物の心そのものは見えないものじゃから、それに関しては、さっき言ったように触れようとはしなかったのじゃ。

私　やっぱりそれってなんだか変ですね。生物にとって、そして人間にとって、一番肝心なのは心の存在ですものね。

ジー　そうじゃな。それから、ダーウィンが難点としていることの四番目に、習性の問題がある。たとえばコウモリは、超音波を自ら発して、その跳ね返りによって障害物の存在をとらえ、暗闇の中でも自由に飛びまわることができるが、こうしたコウモリのもつエコーロケーションのような高度な認知システムが、他の種からのゆるやかな進化によってはたして生まれてくるものなのだろうかと自ら疑問を呈しておる。

私　そうね。そうしたエコーロケーションのような認知システムをもった生物って他にあまりみないですよね。他にいるとしてもイルカぐらいでしょうか。自分から探索用信号を発して、その跳ね返りで自分の位置を知るという高度な認知システム、そんなのどうみても、変異と自然選択によって少しずつ獲得されてきたとはなかなか思えませんよね。

ジー　そうじゃな。でも、この問題に関しても、ダーウィンは、その博識と豊かな想像力によって、なんとか乗り越えようとしたのじゃ。でもな、ダーウィンの生きておった時代から一〇〇年以上もたって、古生物の化石記録がだんだんとはっきりとした結果をもたらしてくるにしたがって、ダーウィンの説明が現実からはかけ離れたものになってきておるんじゃ。

私　その具体的な何か証拠のようなものがあるんですか？

ジー　実は、このコウモリの出現に関しても、古生物の化石記録では、始新世と呼ばれる今から五〇〇〇万年前頃に突然のごとく誕生してきておるんじゃ。(5・15) それは、古生物の化石一般に見られる断続平衡の現象じゃよな。だから、コウモリの習性にしても、ダーウィンが考えたような変異と自然選択による進化の賜物とは言えなくなってしまうんじゃ。

私　そうなんだ。

ジー　こんなふうに、ダーウィンが投げかけた自身の進化の学説に対しての難点が、当時としてはダーウィンの博識のもとで乗り越えられたと思われていたのじゃが、時がたつにつれて、ダーウィンの学説を暗闇の中に押しやる結果になってきておるんじゃ。

(十三)

私　では、ダーウィンの進化論は完全なものではないということなんですね。それは、ニュートンが発見した万有引力の法則やアルキメデスの発見した浮力の原理などのように、ある種普遍的な法則ではないということなんですね。

ジー　そうなんじゃ。それは、生物の進化、人間の誕生を考える上での一つの仮説ということなんじゃ。ただ、生物の進化というのは、時計の針をもとにもどすことができないために、物理学のように、再現ができない。そのために、どのような理論をもってきても、それは仮説になってしまうんじゃ。だから、その仮説の中で、現実に見いだされている生物進化の痕跡を矛盾なく説明できる仮説というのが、ある意味真実に近い、ひょっとしたら真実を言い当てておるのかもしれん。逆に、ダーウィンの進化論は、時がたつにつれて、現実に起きておった生物進化との矛盾が次々に見つかってきて、仮説であったとしても、正しく生物の進化そのものをとらえてはいないと思えるのじゃ。

私　ジーの説明を聞いていて、ダーウィン自身が自分の学説に対して投げかけていた難点が、どれもこれもダーウィンの進化論ではうまく説明できない、ダーウィンの進化論とは矛盾したものになってきているということがよくわかってきました。

ジー　そうなんじゃ。古生物の化石の中にゆっくりと進化してきている様子を見て取れないこと、本能や習性の起源が、少しずつ形作られてきたものではなさそうだということ、そして、異種間では交配ができないことも、少しずつ獲得されてきた特質でもなさそうだというのでは、ダーウィンの提示している難点が、どれもこれも、ダーウィンの学説を否定してしまうものになってきておるんじゃ。

私　そうね。古生物の化石記録が物語っていることは、たぶん生物の進化の痕跡を正しく記録しているものでしょうから、その記録を素直に見てみると、生物の進化が、ゆっくりした変化によってもたらされたものではなさそうだということが、素人にもよく見えてきますよね。

ジー　そうじゃな。むしろ、素人の方が、何の先入観も抱いておらないから、そうした現象に対して、素直に見ることのできる目をもっておるのじゃろう。だから、その素人のもつ素直な目の方が、真実を正しくとらえておるのかもしれん。専門家は、ダーウィンの進化論や、それを基本にしたさまざまな専門的知識に毒されておるから、どうしても、そうした古生物の化石がどんなにゆっくりとした進化には見えない記録を示しておったとしても、どうにかこうにかしてダーウィンの進化論に合わせようと、概念の世界であれこれと考えをめぐらせ、その中で新たな考えを提案してくることになってしまうのじゃ。

私　その素人の目から見たら、化石記録が物語っていることや、ジーがこれまで語ってくれたダーウィン自身が抱いていた自身の学説に対する難点も、よく考えてみれば、それぞれの種がそれぞれ単独に誕生してきたということを物語っているようにみえてきます。異種間で交配ができない不稔の問題にしても、それはそれぞれの種が単独に誕生してきたと考えれば、不稔であることが当然ですし、カンブリア爆発や、断続平衡の現象にしても、個々の種が、単独に誕生してきたと考えれば、何の矛盾もなくなってしまいますよね。それと、本能や習性の問題にしても、それぞれの種が単独に誕生してきたのであれば、始めからそうした本能や習性が与えられたものとして、ダーウィンが悪戦苦闘したような変異と自然選択によるゆっくりとした進化によってもたらされたことを考える必要もなくなってしまいますでしょう。

ジー　そうなんじゃ。お前さんの言う通りなんじゃ。だけどな、それでは、どのようにして単独にそれぞれの種が生まれてきたのか、そのことを考えると、どうしても科学的には解明できない問題にぶち当たってしまうんじゃ。

私　それってどんな問題なんですか？

ジー　それは、科学が基盤とする時間と空間とを超えてしまうんじゃ。

私　ジー、ちょっと待って、科学が基盤とする時間と空間を超えてしまうというのはいったいどういうことですか？

（十四）

ジー　科学は、時間と空間とが支配する四次元の世界での現象に対して探求し、分析し、そこにある法則を見つけ出してきた。そこには、必ず時間と空間とに支配された因果が成り立っておる。ニュートンの導き出した万有引力の法則にしても、アインシュタインの考え出した一般相対性理論にしても、それらは、時間と空間によって規定された因果に根ざしておる。原子の世界を扱う量子力学にしても時間と空間の因果をきちんと踏襲しておる。ところが、お前さんが素人の目で見て意見してくれたように、種が単独に誕生してきたというのでは、時間と空間の支配する世界での因果に則ってこないんじゃ。新たな種が交配もなく突然誕生してくるというのでは、空間との因果からも逸脱しておるし、時間との因果からも逸脱しておるからじゃ。だから、時間と空間の世界で物事をとらえ、分析してきた科学の世界では、お前さんの言うようなことは、たとえ直感的にはそう思えたとしても、それを科学的に議論することはタブーというか、もはや科学の世界ではなくなってしまうんじゃ。

私　そうか、だからなのね。ジーが説明してくれたように、古生物の化石記録には、どうみても漸進的な進化には見えない現象が残されていても、科学者は、それを時間と空間の因果に則って考えようとしてしまうということね。

ジー　その通りじゃ。

私　でも、それで本当に真実がわかってくるのでしょうか。それだと、科学者が勝手に作り上げた仮説で、生命の進化というか、生物の進化を作り上げてしまっているようにも思えますよね。そして、そうして作り上げられた考えが、子供たちを教育する教科書に掲載されてしまうというのでは、少しばかり危険な感じもしてきます。さっきジーがアメリカでは、進化論と創造論とが議論されていて、教科書の問題にもなってきているという話をしていましたが、創造論者の肩をもつわけではないのですが、やはり純粋に物事を見ていくと、これまでの流れでは、科学者の作り上げてきている理論というものにも問題があるということは確かなような気がしてきます。

ジー　お前さんの言う通りじゃ。

私　ただ、どうなんでしょうか。古生物の世界で起きている断続平衡の現象にしても、カンブリア爆発にしても、ジーが言うように、科学者は、そこに漸進的な進化の痕跡を仮定して理論を作り上げようとしているし、ダーウィンにしても、自身が抱いたいくつかの難点に対しても、それを突然種が単独に誕生したとは考えずに、そうした問題をも漸進的な進化の中で考えようとしてきたのですよね。それというのは、そうした現象が、時間と空間とを超えて、単独に種が誕生してきたことを示す決定的な証拠にはなってはいないということなのでしょうか。でも、素人から見ても、そうした現象が物語っているのは、やはり時間と空間の制限を超えて、種は単独に突然誕生してきたように思えるのですが。何か、そうした古生物の世界以外で、種の誕生が時間と空間とを超えた世界で誕生してきたことを決定づける事実と言いますか、証拠というものはないのでしょうか?

ジー　確かにお前さんの言う通りじゃ。断続平衡の現象にしても、カンブリア爆発にしても、さらにはダーウィンが自身の学説に対して抱いた異種間の不稔の問題や本能の問題というのは、それだけで種が単独に誕生してきたことの事実も、時間と空間を超えた世界で種の誕生が起きていたことも確実なものとして指し示してはおらん。でもな、それはどうしようもないことなんじゃ。目に見える現象だけが真実なものだとして分析してきておる科学にとって、目に見える世界に存在しているもの、過去に起きていたことは、時間と空間との因果に則ってそこに存在し、起きていたとしか考えられないからじゃ。見えない力によって突然何かが起きたり、現われたりしたら、それは現実の世界では摩訶不思議なことになってしまう。そして、たとえそうした時間と空間の因果を超えた現象が起きておったとしても、その現象を直接目撃しない限り、その結果が示しておることは、時間と空間にしばられた世界の因果によって解釈されてしまうんじゃ。それがカンブリア爆発であり、断続平衡の現象なんじゃ。だから、見えるものだけを探求していく科学の世界では、どんな現象に直面しても、時間と空間の因果の中で解釈されてしまうことになるんじゃ。

私　そうなのね、科学というのは、そうした目に見えるもの、客観性のあるものを対象にしているのだから、ジーの今おっしゃったことは当然のことなのね。でも、それでは、ダーウィンの抱いた難問に対する答えは永久に見つからないということ、それとも、やはりダーウィンの説が正しかったということになるのでしょうか。

ジー　そうじゃな、このままじゃとそうしたなんとも言えない失望感というか、消化不良な気分に陥ったままなんじゃが、実は、そうした古生物の世界とはまったく違う世界から、生物進化の背後に横たわっておる時間と空間を超えた世界の存在というものが、より確かなものとして浮かび上がってきたんじゃ。

私　えー。それってどんな世界なんですか？

ジー　それは、ダーウィンが議論することのなかった心の世界なんじゃ。実は、時間と空間とを超えた力が生物の進化をうながしてきたという事実が、人間の誕生、そしてそれは人間の心の誕生になるんじゃが、その誕生の秘密の中に隠されておったんじゃ。

私　えー。それってどういうことですか？　私たち人間が誕生してきたその進化の流れの中に、種の誕生が時間と空間とを超えた世界で起きていたことを示す何か証拠でもあるということなのでしょうか？

ジー　そうじゃ。人間の誕生の秘密の中に、時間と空間を超えた世界で起きていた生命進化の真相が書き残されておったんじゃ。

私　えー、そうなんだ。で、その人間の誕生の秘密というのは、いったいどんな秘密なんでしょうか？

ジー　では、その人間の誕生の秘密について語っていくことにしようかのう。

第二部

人間誕生の秘密

（一）

古生物の化石に残された生物進化の痕跡は、断続平衡の現象が示しているように、そしてカンブリア爆発が物語っているように、ダーウィンの進化論では説明することが難しいいくつもの問題を投げかけている。それは私のような素人からみれば、それぞれの種が単独に誕生してきたように思えるのだが、科学の世界では、そうした推論は許されないらしい。そして、そうした現象までも、ダーウィンの進化論を基本に解釈しようとしている科学者がほとんどだということがわかってきた。でも、そこにはなんとなく無理な理屈が横たわっているように思えてきた。生物を進化させている生命の営みの真の姿は何なのか。ジーは、その真の姿が人間誕生の秘密の中に隠されているという。いったいどんな真実が人間誕生の背後には秘められているのだろうか？

ジー　人の進化というか、人類がどのような進化の歩みをしてきたのかを研究しておるのが考古学なんじゃが、その考古学がたよりにしておるのは人類の残した道具、ま、道具といっても考古学がもっぱら扱っておるのは石器じゃが、それと、地中深く埋もれておる人骨化石じゃ。その人骨化石の調査から、人類は今から七〇〇万年前頃にチンパンジーと別れて人類の進化の道を歩み始めたと考えられておる。ただ、その頃はまだ類人猿と呼ばれ、四足で歩いておったようじゃ。人類が二本の足で立って歩くようになるのは今から三〇〇万年ほど前から、そして、しっかりと石器とわかるものが残されるようになったのが二五〇万年ほど前からのことじゃ[16]。でも、その石器は、その後一〇〇万年ほどの間ほとんど変わることなく、同じようなものが使われておって、人類のそうした能力は、その間あまり大きく進化してはいなかったようじゃ[16]。その人類が誕生したのはアフリカの地であったということは、いまでは考古学的にはほぼ確立した考えになっておるんじゃが、ではいったいいつから人類は、現代人のような心を持つ人間へと進化したのかとなると、いろいろな意見はあるものの、まだはっきりとした答えは得られてはいないんじゃ。

私　でも、どうなんでしょうか、DNAには進化の歩みが記録されているということを新聞やTVでときどき目にするのですが、化石以外にそうしたDNAなどによって人類の進化の様子がわかるということはないのでしょうか？

ジー　そうなんじゃ。最近は、分子進化学などという新しい学問分野が生まれてきておって、現代人のDNAを調べることによって人類の進化の様子がわかるようになってきておる。われわれの体を作り上げておるいくつも遺伝子は、四種類のDNAによって作られておるんじゃが、その遺伝子が親から子供に伝達される時、時として誤った記号を伝えてしまうことがある。この遺伝子に起きるDNAの変化する割合は、大まかではあるんじゃが、時間的に一定であって、民族の中に特有な変化として蓄積されてきておる。だから、その変化を調べることで、民族のルーツがわかってきたり、人類の進化の流れがおおよそ推測できるようになってきておる。たとえば、二〇万年前以降ヨーロッパには、大きく分けて二つの異なる人類が生活しておったんじゃが、それらの関係もDNAの分析によって明らかにされてきておる。お前さんもこの二つの異なる人類について、名前くらいは聞いたことがあるじゃろう。

私 ネアンデルタール人とクロマニョン人ですか？

ジー そうじゃ。ヨーロッパの地に二〇万年前頃から二万年前頃まで生活しておったのがネアンデルタール人、そのあと四万年前頃から住みついたのがクロマニョン人じゃ。ネアンデルタール人の人骨化石は、現代人のものと異なっておることから、現代人より以前の人類ということで旧人と呼ばれておるが、クロマニョン人の人骨化石は、現代人のものと同じことから、クロマニョン人は、現代人の祖先として考えられており、新人と呼ばれておる。

私 ということは、クロマニョン人は、ネアンデルタール人が進化したものなんですか？

ジー 始めはそう考えられておった。でもな、ネアンデルタール人の化石に残されておったDNAを調べたところ、ネアンデルタール人は現代人の祖先と四〇万年ほど前にすでに分かれておったということがわかってきて、ネアンデルタール人はクロマニョン人の直接的な祖先ではないことが明らかになってきておる(17)。

私 ではいったいクロマニョン人はどこからやってきて、それはいつ頃現代人と同じような心を持つようになったのでしょうか？

ジー そうじゃな、そこのところが一番知りたいところじゃよな。クロマニョン人が現代人と同じような心をもっていたであろうということは、クロマニョン人の残した遺跡や遺物から、かなりはっきりと推測できるようになってきておる。クロマニョン人の残したものの中には、洞窟壁画であるとか、彫刻であるとか、技巧を凝らした道具であるとか、それまでの人類の残した遺物にはなかった、現代人の営みと同じような営みを推測させるものが数多く残されておるんじゃ。ただ、そのクロマニョン人が、いったいいつから現代人と同じような心を持つようになったのかというのはまだ確定的な答えは得られてはいないんじゃ。

私　それはどうしてですか？

ジー　それはじゃな、現代人への進化の時期が、ＤＮＡの分析結果によるものと考古学によるものとが一致しないからじゃ。

私　えー、それってどういうことですか？

ジー　さっき、ＤＮＡによる分析から、人類の進化の様子がわかるといったじゃろ。そのＤＮＡの分析結果からは、現代人のルーツが、今から二〇万年前頃にアフリカで生きておった一人の女性にたどり着いた[18]。すなわち、ＤＮＡの分析からは、現代人の誕生が二〇万年前頃ではないかということなんじゃ。ところがじゃ、その二〇万年前頃、現代人と同じ心をもった人類が生活していたとするなら、その頃の地層から現代人の心を推測させるような、たとえば高度な石器であるとか、何らかの芸術的な作品であるとか、あるいは、生活しておった遺跡であるとかいったものが発見されてもいいはずなんじゃが、そうしたものがまったくといっていいほど発見されてはいないんじゃ。

（二）

私　ちょっと待って。頭を整理しないとついていけなくなってしまったわ。要するに、現代人のDNAを調べたら、現代人のルーツが、今から二〇万年前のアフリカに生きていた一人の女性に行きついてしまったということね。そのことは、現代人の心をもった人間が誕生したのが二〇万年前頃ということなのですか？

ジー　そこなんじゃ。DNAから生物の進化を探求しておる分子進化学者の多くはそう考えておるようじゃ。でも、さっきもジーが言ったように、もしそれが事実だとすると、二〇万年前、あるいは、一五万年前でもいいんじゃが、それと同じくらいの時期に、現代人の抱く心と同じような心の痕跡を思わせる遺物、たとえば技巧を凝らした石器であるとか、絵画や彫刻のような芸術的なものであるとか、そういったものが残されておってもいいじゃろう。ところが、そうしたものが現われてくるのは、二〇万年前よりはるかに時がたった今から五万年前頃からなんじゃ。

私　へー、そうなんだ。

ジー　お前さんも中学校や高等学校で学んだと思うんじゃが、フランス南部やスペイン北部に位置するラスコーやアルタミラの洞窟には、クロマニョン人の描いたと考えられる壁画が残されておるんじゃが、それらは二万年ほど前のものじゃ。

私　思い出したわ。赤茶けた色で動物の絵が描いてありましたよね。

アルタミラの洞窟壁画
約1万8000年前、クロマニョン人によって描かれた。

ジー　そうじゃな。そうした壁画はヨーロッパ大陸のあちこちで発見されておるんじゃが、その中でもっとも古いものは、今から四万年前頃から三万二〇〇〇年前頃に描かれたもので[19]、それ以前のものはヨーロッパ以外でも発見されてはいなかった。ただ、最近になって、四万年前頃のものとみられる洞窟壁画がインドネシアのスラウェシ島で発見されたことにより[20]、この時期アジアの地においても人類がすでに高度な絵画技術を身につけていたことが明らかになってきておる。また、道具にしても、五万年前頃を境にして、それ以前のものとは、はるかに異なる精緻な道具が突然のごとく現れてきておるんじゃ。

私　それは、そんなに突然なんですか？

ジー　そうなんじゃ。多少の時間的な差異はあるんじゃが、五万年前頃を境にほとんど突然のごとく現れてきておる。そのように、五万年前頃を境にして、芸術作品や高度な道具といったものが急激に誕生してきておることから、この急激な人類の文化的発展を考古学者たちは文化的爆発と称して、この時期に人類には何らかの精神的進化があったものと推測してきておる[16]。じゃがな、おかしなことに、DNAの分析からは、五万年前頃に人類に大きな変化があったことが見て取れないんじゃ。だから、考古学者の中には、五万年前頃に起きた文化的爆発の原因を、二〇万年前頃に誕生した現代人に近い人類が、ダーウィンのいう変異と自然選択とを繰り返しながらだんだんと進化し、五万年前頃にその能力を急速に高めた結果だと推測する人も現れてきておる[21]。

私　またダーウィンですか！

ジー　そうなんじゃ。ただ、五万年前頃の文化的爆発は、人類の活動としては、それ以前の活動と明らかに異なっており、そこには大きな断絶があったとしか思えない世界が残されておること は確かなんじゃ。だから、この人間誕生においても、漸進的な進化によるものなのか、それとも 古生物の世界で見られる断続平衡の現象と同じように、五万年前頃、突然人間へと進化したのか、 考古学者たちも、大きな壁にぶち当たっておるんじゃ。

私　それって不思議ね。人類の残した遺物にそんなにも急激な変化が起きているのに、DNAに それに呼応した変化が残されていないというのはいったいどうしてなのでしょうか？

ジー　そこなんじゃ。生物の進化、生命の進化を考える上できわめて重要なことがそこに秘めら れておるんじゃ。

私　それってどういうことですか？

ジー　これまで、生物の進化を探求する進化学の世界では、分析の対象となってきたものは、ほ とんどすべてが目に見えるものじゃった。ダーウィンが変異と自然選択の考えを思いついたのも、 ガラパゴス諸島に生息しておった奇妙な生物をはじめとする多様な生物の形態という目に見える ものからであったし、近年の分子生物学が探究する生物の進化においても、そこではDNAとい う、やはり目に見えるもの、ま、目に見えるといっても顕微鏡や化学的手法によってとらえられ ておるんじゃが、そうした目に見えるものが研究の対象になっておる。古生物学者がとらえてお るのも古生物の化石だし、考古学者がとらえておるのも人骨化石や人類の残した石器や壁画と いった目に見えるものじゃ。そうした目に見えるものだけを追いかけておるのでは、生命の進化 である生物の進化の真相は、いつまでたっても見えてはこないんじゃ。

私　えー、それってどうしてですか？　ジーがこれまで話してくれたように、ＤＮＡは民族のルーツをとらえることのできる重要な手段になっていますし、人骨化石の変化は人類の進化の様子を物語っているものだし、人類の残した石器や遺跡にしても、それは人類の創造活動の痕跡ですから、そこには生命の進化の様子が表現されているように思えるのですが。

ジー　お前さんの言う通りじゃ。でもな、そうした石器や彫刻といったものは、人類の抱いておる心の世界が間接的に表現されたものじゃ。石器や彫刻自体が心そのものではないじゃろう。そうした石器や彫刻といったものでは、そうしたものを生み出すもととなっておる心そのものをとらえることはできないのじゃ。心は見えないもの。その見えないものが見えるものを作り出しておるんじゃから、生命の真の姿は心の世界にあるということじゃ。そして、その心の世界から石器や彫刻や絵画といった目に見えるものが生み出されてきておる。だから、生命の真の姿をとらえるためには、どうしても目に見えない心の世界の有り様を知ることが必要なんじゃ。

私　それって、なんとなくわかるんだけど、でも……。

ジー　それはなにも人間だけに限ったことではない。アリや蜂の本能行動は、その行動を見ておればとらえることはできる。蜂の巣作りや、女王蜂と働き蜂の違いなど、蜂社会の抱えておる本能行動は見える世界でとらえることができる。でも、その本能行動が何に由来しておるのかは、見えてはこないじゃろう。それは、蜂の心になってみなければわからないし、さらに、その心の源を見極めないと、本当の生命のことなどわかりはしないんじゃ。

私　ふーむ。確かに、ジーの言っていることはわかるけど、心の世界がそのまま遺物として表現されたり、本能行動として見える世界に表現されているのですから、なにも目に見えない心の世界を見なければ生命進化の真相が見えてはこないということにはならないのではないでしょうか？

（三）

ジー　ふーむ。決定的にターニングポイントにやってきてしまったのう。

私　それってどういうこと？

ジー　まさにお前さんの言う通りだし、ほとんどの科学者もそう考えておる。でもな、そこが生命の進化、生物の進化を議論する上できわめて重要なポイントなんじゃ。では、そのことを少し人間の営みを例にして話してみることにしよう。そうすると、今ジーの言ったことが少しは理解できてくるのではないじゃろか。

お前さん自身が普段当たり前のように絵を描いたり、文章をつづったりしているその創造の営みを少し考えてみよう。もしお前さんがある絵を描いたとする。その絵が描かれるためには、お前さんの心の世界には、その絵のもととなるイメージが浮かび上がっておるじゃろう。

私　そうね。イメージが浮かばなかったら、絵も文章も描けませんよね。

ジー　そうじゃな。で、その絵のイメージなんじゃが、それは今思いついたイメージなのかもしれんし、一〇年前にすでに思いついていたイメージなのかもしれん。だとすると、心に浮かんだイメージと実際に表現されたものとの間で時間的な差が起きてくるじゃろう。
私　当然そうね。……そうか。見える世界に表現された時と、心の中で思いついた時とが時間的には一致していないということね。
ジー　それだけではない。その一〇年前に浮かんだイメージが、それより以前一〇年くらいかけて少しずつ完成されてきたものなのか、それとも一〇年前に閃きのように突然生まれたのか、それもわからないじゃろう。外に表現された絵は、その心の有り様を何も語ってはくれないからじゃ。それとまったく同じように、人類に現代人と同じような心が誕生したのが、洞窟壁画や彫刻を描き作った時期と同じとは限らないし、その心が少しずつ形作られてきたのか、それとも閃きと同じように突然形作られたのかは、目に見える世界のものは参考にはなっても、決定的なものではないということじゃ。
私　それはわかるわ、なるほどと思うわ。要するに、ジーが言いたいことは、目に見える世界に表現されたものは、人間が生み出す彫刻や絵画であっても、昆虫やほかの生物が示している本能行動にしても、その源にはそうしたものを生み出す心がひかえているということね。そして、その心の誕生時期や誕生プロセスは、目に見えるものと必ずしも一対一の対応をしてはいないということね。
ジー　その通りじゃ。
私　でも、ジー。ジーの言っていること、すなわち生命の進化の真相を明らかにするには、目に見えない心の世界を探求する必要があるというのはわかってきたけど、どうしたって人間は蜂やアリの心なんか知ることはできないでしょう。

ジー　その通りじゃ。お前さんが言うように、心という目に見えない世界を探求するといっても、アリや蜂、チンパンジーやネズミといった多種多様な生物の心の世界を形態や行動様態と同じようには見ることとなどできはしない。でも、人間の心はわかるじゃろう。自分の心は自分でとらえることができるのじゃから。

私　ふーむ。でも、人間の心はわかるじゃろうと言われても、それは自分自身の心はわかるけど、過去の人の抱いていた心の世界など今を生きる私たちにはまったくわからないし、ましてやその心など残ってはいないでしょう。残されているのは、人骨化石や道具や絵画といった目に見えるものだけではないでしょうか。クロマニョン人の化石は発掘できても、クロマニョン人の心はどこかに消えてなくなってしまっているのですから、目に見えない心の世界を云々すること自体無理な話ではないでしょうか。

ジー　そうじゃな。確かにお前さんの言う通りじゃ。そして、ほとんどの科学者もそう考えてきた。どんなに心の世界が生命の進化と深く係わっておるのではないかと感じておっても、消えてしまった心を議論すること自体、意味のないことになってしまうとな。でもな、その消えてしまったと考えられておるクロマニョン人の心が、実は、今を生きるわれわれの心の中に、心の遺跡として残されておったのじゃ。

私　えー、それって、どういうことですか？　私の心の中にもその遺跡が残されているということなんですか？

ジー　その通り。お前さんの心の世界にも、ジーのこの心の世界にも、今を生きておるすべての人の心の中に、人類が人間へと進化した時の心の遺跡が残されておったのじゃ。

私　へー。そんなこと信じられない。それって、何万年も前のものでしょう。今生きている私たちの心の中に、そんな何万年も前のものが心の遺跡として残されているなんて信じられない。

ジー　誰もそう思うじゃろうな。

私　でも、いったいそれはどのようなものとして残されているのですか？

（四）

ジー　お前さん、感性という言葉を聞いたことがあるじゃろ。

私　はい、感性というのは、感じる心。美しいとか、甘いとか、快適だとか、そうしたことを感じる心のことではないでしょうか。要するに、何かを感じ取る心ですよね。

ジー　そうじゃな。

私　それが、先の心の遺跡と何か係わりがあるのですか？

ジー　そうなんじゃ。お前さんが感性ということで表現してくれた美しいとか、甘いとか、快適といった言葉は、感性を表現した言葉で、その分野では感性用語と呼ばれておるんじゃが、その感性用語と五感との間には特殊な係わりがある。たとえば、明るいという言葉は、明るい光とか明るい部屋というように、視覚から入る刺激と係わって用いられておるが、明るい音とか明るい声といったように、聴覚から入る刺激とも係わって用いられておるじゃろう。

私　う……、あ、そうですね。明るいという言葉、視覚とだけ係わって用いられていると思っていたけど、明るい音ともいうし、明るい声とも言いますよね。

ジー　そうじゃろう。ところがじゃ、その同じ明るいという言葉は触覚や味覚と係わって用いられることはほとんどないじゃろう。

私　うー、……そう言われてみれば、明るい肌触りとか、明るい味とは言わないわね。

ジー　こと左様にじゃ、われわれは、普段当たり前のように、そうした感性用語を五感と特殊な係わりで用いておるんじゃが、そのことにはまったく気付いていないのじゃ。要するに、われわれは、感性用語を無意識のうちに五感と特殊な係わりとして用いておるということじゃ。

私　確かに、明るい光、明るい声と普段当たり前のように使っているけど、ジーが今言ったような五感と特殊な係わりがあるなどと思ったことはないわね。……そう言われてみると、黄色い声とか、甘い声とか、本来なら視覚や味覚と係わる言葉が、聴覚とも係わって用いられていたりしますよね。こうした言葉は日常当たり前に使っている言葉なのに、そうしたことに気付かずに使っていたのですね。

ジー　そうじゃな。この言葉と五感との係わりは、共通感覚と呼ばれておるんじゃが、はじめは、この言葉の意味するものは、ギリシアの哲学者アリストテレスによって、五感相互を関係づけてあるものを認識する五感以外の感覚として名付けられたものじゃった(22)。

私　五感相互を関係づけるというのは具体的にはどういうことなんですか？

ジー　たとえば、ここにコップがあるとするじゃろう。われわれは、そのコップを目でとらえてコップと認識するし、手で触ってコップと認識しておる。コップという一つのものを視覚と触覚で別々にとらえておっても、それを一つのコップとして認識できておる。それができるというのは、視覚や触覚といった五感を超えて、五感相互を結びつけてものを認識するための感覚があるはずだとして、それを共通感覚と名付けたんじゃ。

私　な〜るほど。

ジー　その共通感覚が、今では、言葉と五感との係わりをも含めて意味されるようになってきておるんじゃ。もちろん、アリストテレス自身も、五感相互の係わりだけではなく、言葉と五感との間に特有な係わりがあることにも気付いておったじゃろう。やがて、この共通感覚は、近代思想を打ち立てたデカルト、ルソー、カントといった思想家や哲学者によっても興味を抱かれ[23·24]、単に言葉と五感との係わりだけではなく、言葉によるコミュニケーションであるとか、いくつもの部品を組み合わせて一つの機能を生み出す道具作りであるとか、さらには絵画や彫刻のような芸術的なものを生み出すといった人間性の心の基盤として考えられるようになってきておる[25]。

私　ジー、ちょっと待って。その共通感覚というのは、さっきの話ですと言葉と五感との間にある特殊な係わりをいっているのですよね。それが、人間性の心の基盤というのはどういうことなんですか？

ジー　それはじゃな、言葉と五感との係わりを生み出しておる心の源が、絵画を生み出したり、言葉によるコミュニケーションを可能にさせたりといった、人間だけがもつ特有な能力の心の基盤であることがわかってきたからじゃ。このことは、もう少し後ではっきりとわかってくるじゃろう。

私　なんとなくそうなのだろうかという気はしてきていますが、ジーの後でわかってくるという言葉を信じて、今はそう納得しておくことにします。

ジー　そうじゃな。でじゃ、その言葉と五感との係わりは、アリストテレスによってその存在が暗示されてはいたのじゃが、どうしてそうした言葉と五感との係わりが生まれてくるのか、そして、その係わりはいったいいつ頃出来上がってきたのか、そうした本質に係わったことは謎に包まれたままじゃった。ところが、その感性用語と五感との特殊な係わりが、実は、人類が人間へと進化した時の心の遺跡であることがわかってきたんじゃ。

私　えー、それはいったいどういうことなんですか？　感性用語と五感との間にある特殊な係わりが、どうして人類が人間へと進化した時の心の遺跡になるのですか？

（五）

ジー　それはじゃな、感性用語と五感との間に見られる特殊な係わりに、民族性があることが最近になって発見され、その民族性が、人類が人間へと進化した時の心の遺跡であることがわかってきたからじゃ(26)。

私　へー、その係わりに民族性があるんだ？

ジー　そうなんじゃ。感性用語と五感との間に特殊な係わりがあることは、先にも言ったようにアリストテレスの時代からすでに知られておったんじゃが、その係わりに民族性があるということまではわかってはおらなかった。

私　それはどうしてなんでしょうか？　共通感覚ということを思索していたアリストテレスが、どうしてその民族性に気付くことができなかったのでしょうか？　それと、そのことがアリストテレスにはできなかったとしても、アリストテレスが生きていた時代から現在まで二〇〇〇年以上もの時が流れ、その間に、さっきジーが言っていたデカルトやカントといった偉大な哲学者もその共通感覚について考えていたんでしょう。そうした偉大な哲学者がいたのにもかかわらず、その民族性に気付くことがなかったというのはいったいどうしてなのでしょうか？

ジー　というのはな、言葉と五感との係わりにしても、その係わりに民族性があることにしても、顔かたちの異なりのように、目で見ることですぐに気付けるというものではなく、一人ひとりの心の中を調べてみなければわからないことだからじゃ。それは目には直接見えないものじゃ。その目には見えないものを見つけ出すには、一つは哲学的に考えてみること、すなわち自分自身の心の中を探求してみることじゃ。これはアリストテレスをはじめとする哲学者ならだれでもやっておったことじゃろうし、言葉と五感との間に特殊な係わりがあることについては気付くことができたじゃろう。でもな、それに民族性があるということは、自分自身の心の中だけの探求では見えてはこないものじゃろう。

私　それはそうね。民族性があるのか否かというのは、比較の問題ですから、自分一人の分析だけでは見えてはこないですよね。

ジー　そうじゃろう。民族性があるということに気付くためには、多くの異なった民族の心の中を調べることがどうしても必要になってくる。そして、そのことをするためには、アンケート調査というようなもので一人ひとりの心の内をのぞいていかなければならないのじゃが、二〇〇〇年以上も前の時代に、アンケート調査などといったものはなかったじゃろうし、たとえあったとしても、ほとんど同じ民族の中だけでの調査に終わってしまっていたことじゃろう。だから、民族間の異なりというものに気付きようがなかったのじゃ。そうしたアンケート調査というのが民族の壁を越えて行われるようになったのは、通信や運輸技術の発達した近年になってからじゃろう。だから、アリストテレスはもちろんのこと、その共通感覚に興味を抱いておったデカルトもルソーもカントも、言葉と五感との係わりに民族性があることには気付けなかったんじゃ。

私　そうね、それはよくわかるわ。確かに言葉と五感との係わりそのものは、言われてみれば、誰でも自分の日常使っている言葉の中に表現されているから、気付くことはできますよね。でも、その係わりに民族性があるというのは、ジーの言うように、直接目でとらえることのできないものですから、普通ならとらえようのないものですよね。日本人とイギリス人との顔形の違いは一目見ればすぐにわかりますけど、日本人とイギリス人の心の違いは目で見ただけではわかりませんものね。ということは、その民族性の発見というのは、きわめて大きな発見ということになりませんか。

ジー　そうじゃな。二〇〇〇年来の大きな発見といってても過言ではないかもしれんな。

（六）

私　ところで、その民族性というのはどんな特徴を持っているのですか？

ジー　大雑把に表現するならば、ヨーロッパ民族、東アジア民族、南アジア民族、といったようにＤＮＡの分析結果と同じように分けられておる。(26)

私　でも、ちょっと待って、言葉と五感との係わりに民族性があるということなんだけど、それって、言語が影響してはいないのでしょうか？　たとえば、ヨーロッパの人たちは、インド・ヨーロッパ語族として、同じような言語を使っていますよね。そのことが言葉と五感との係わりに民族性を生み出している。すなわち、言葉と五感との係わりの民族性というのは、言語の異なりに由来しているということではないのでしょうか？

ジー　いい質問じゃ。確かに、言葉と五感との係わりというのは、基本には言語が係わってきておる。だから、お前さんの言うように、言葉と五感との係わりの民族性というのは、言語に係わったものであって、民族そのものとの係わりではないとも考えられる。じゃがな、その言葉と五感との係わりを、さらに詳しく分析していくと、それが言語に由来するものではないことを物語る結果が得られておるんじゃ。(26)

私　へー、それはどんな結果なんでしょう？

ジー　たとえば、北海道から沖縄まで、日本を縦断的に調査した結果から、日本人が三つの異な

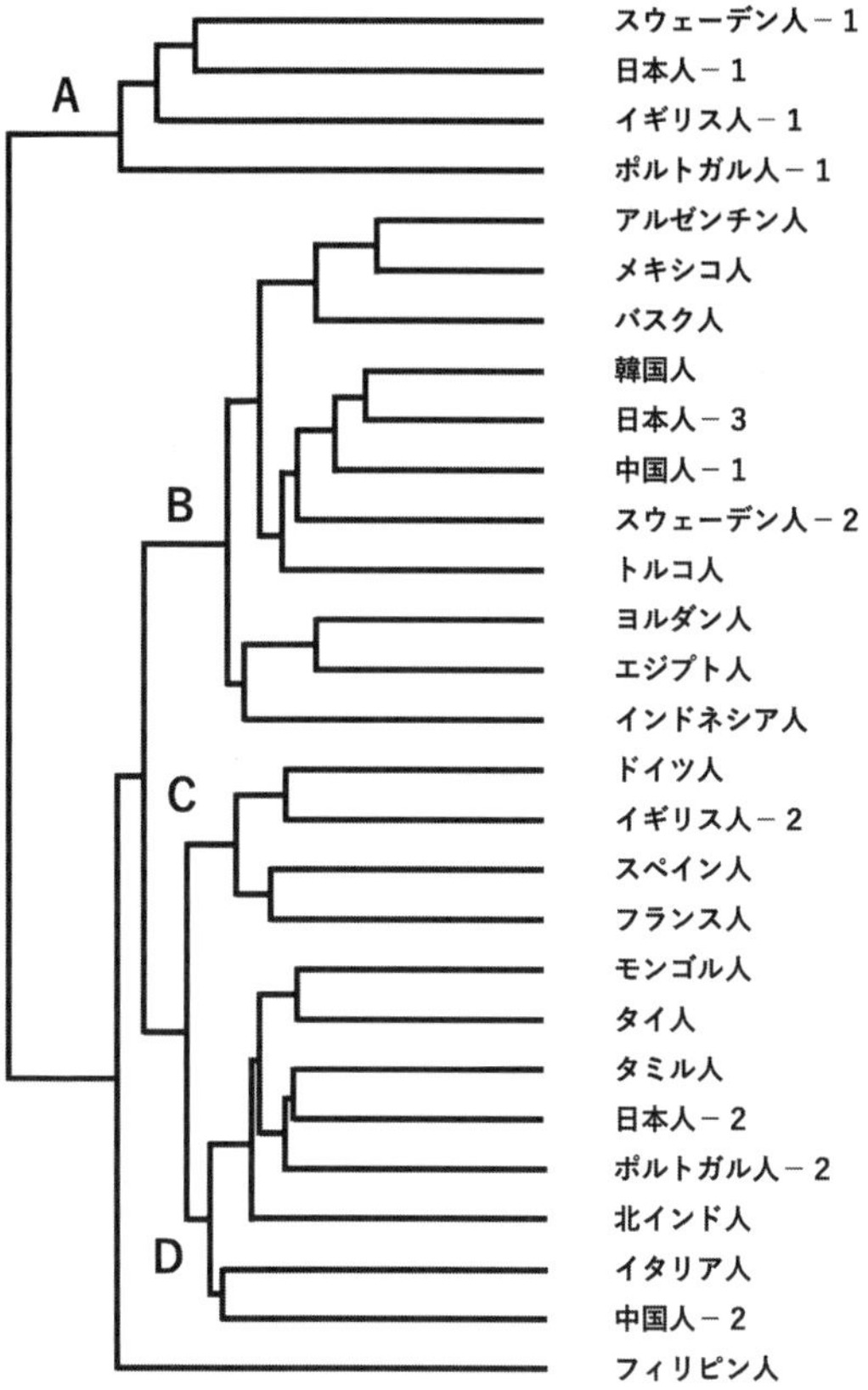

言葉と五感との係わりの民族分析結果[26]
28の民族が、大きく四つのグループ（A、B、C、D）に分かれている。

るタイプに分かれてきて、日本民族が三つの民族から成り立っていることが明らかになってきておる。この結果は、ＤＮＡによる日本人の分析結果とも一致しておるし、その三つの民族の日本列島における人口分布も考古学的な分析結果と符合しておる。さらに、その三つの異なる日本人の内の一つは、ハングル語で調査された韓国人や中国語で調査された一部の中国人の結果とも同じになってくるんじゃ。こうしたことを考えると、言葉と五感との係わりの民族性が、お前さんが指摘してくれたような言語との係わりからきているのではないことがわかるじゃろう。

私　そうか。同じ日本語で調査された日本人の中に、異なるタイプがいたり、ハングル語で調査した韓国人の結果や中国語で調査した中国人の結果が、日本人の一部の人たちのタイプと同じものになっているということは、その民族性が、言語によるものではないということですね。

ジー　さらにじゃ、アメリカ先住民のルーツが東アジア人にあるということがＤＮＡや考古学の研究結果から明らかにされてきておるんじゃが、感性用語と五感との係わりからも、そのことがはっきりと浮かび上がってきておるんじゃ。

私　それって、アメリカに住んでいる先住民と東アジアの人たちがもともと同じ民族に由来しているということなのですか？

ジー　その通りじゃ。アメリカ先住民のルーツは、一万二〇〇〇年前あたり、まだベーリング海峡が陸であった頃、この陸地を横切ってアメリカ大陸へ移動して行った東アジア民族にあることが考古学的に明らかにされてきておるんじゃが[27]、そのことを物語るように、アメリカ先住民の血を引く人たちの言葉と五感との係わりは、東アジアの民族のそれと同じものになっておるんじゃ。

私　へー、そうなんだ。

ジー　そして、その民族性は、さらにおもしろい結果を示してくれておる。それは、日本語の起源とされるタミル語を話すタミル人の分析結果が三つのタイプに分かれた日本人の内の一つのタイプと同じものになってきており、タミル人と日本人とが民族的に深い結びつきがあったことを物語っておるんじゃ。

私　タミル人はどこに住んでいる人たちなんですか？

ジー　タミル人は、現在インド南部やスリランカに生活しておる民族じゃ。そのタミル人の語るタミル語が日本語の起源であるという言語学者(28)の考えに対して、これまで賛否両論別れて侃侃諤諤《かんかんがく》議論されてきておるんじゃが、言葉と五感との係わりから、タミル人と日本人との間には、確かに民族的な深いつながりがあることが明らかにされてきておるのじゃ。

私　へー、そうなんだ。おもしろいですね。

ジー　こうした結果から見えてくることは、感性用語と五感との係わりが民族性をもち、それが遺伝として長い間子々孫々伝わってきているということじゃ。だから、この民族性というのは、言語と直接係わったものではなく、遺伝と深く係わり、その遺伝にしても、言葉と直接係わるというのではなく、ある言葉に対して、どの五感と係わりをつけるかというイメージの傾向性と係わっておるということじゃ。

私　イメージの傾向性？　それはどういうことですか？

（七）

ジー　言葉と五感との係わりは、ある言葉によって五感からの刺激が連想され、その連想された刺激と五感とが関係づけられて生まれてくるんじゃが、イメージの傾向性というのは、その連想に一つの傾向があるということじゃ。明るいという言葉を聞いて、その言葉と係わった五感への刺激が連想される。それは視覚と係わり、聴覚と係わり、あるいは臭覚と係わるかもしれん。そうした連想による係わりに、ある特有な傾向があるということじゃ。それは、心の中に刻まれたイメージの鋳型とでも表現できるかもしれん。そのイメージの鋳型に民族性があり、それが遺伝と結びついておる。だから、そのイメージの鋳型が同じであれば、日本語であろうと、ハングル語であろうと、スペイン語であろうと、言葉によって連想される五感との係わりは同じものになってくるということじゃ。

私　なーるほど、イメージの鋳型というのは、わかりやすいですね。今を生きる私たち一人ひとりの心の中に、そのイメージの鋳型が形作られているということですね。だから、ある言葉が与えられると、そのイメージの鋳型に影響されて、ある特殊な言葉と五感との係わりが連想されてくることになるのですね。

ジー　そうじゃ。

私　だとすると、生来目の見えない人であっても、このイメージの鋳型を心の内に秘めているのでしょうから、言葉と視覚との係わりは生まれてくることになりますよね。

ジー　その通りじゃ。そのことは実際に調査されておって、生来目の見えない人や耳の聞こえない人へのアンケート調査においても、ふつうの人と同じように、言葉と五感との間に豊かな係わりをもっていることがわかっておる。

私　そういうことね。そのことこそ、イメージの鋳型が心の世界に遺伝としてしっかりと根付いていることの証拠でもあるのですね。ただ、そのことは理解できてきたのですが、感性用語と五感との係わりに民族性があることが、どうして人類が人間へと進化した時の心の遺跡になるのですか？

ジー　そうじゃな。そこが肝心なところじゃが、そのことを語っていく前に、言葉と五感との間にある特殊な係わりとはいったい何を物語っておるのか、そのことからまずは考えていくことにしよう。一つの言葉が、複数の感覚と係わって用いられるというのは、いったいわれわれの心の中で何が起きておるんじゃろうか？

私　さー、なんだろう？

ジー　たとえば、明るいという言葉が与えられた時、明るい光、明るい部屋というように、明るいと係わった情景がイメージされて、明るいという言葉が視覚刺激と係わっていることを想像しておる。また、明るいという言葉は、音や声などの聴覚刺激によって生み出される心模様をイメージさせ、明るい音、明るい声といったように表現されてもおる。すなわち、言葉が与えられることで人間は、刺激を想像して言葉と五感とを関係づけておることになる。刺激が直接五感に入ってきているわけではなく、言葉という概念を介して、刺激を想像し、その刺激によって生み出されてくる心模様をイメージしておることになる。

私　刺激を想像し、その刺激によって生み出されてくる心模様をイメージしているというところがまだしっくりしないのですが。

ジー　では、少しばかりイメージに付き合ってもらうことにしようかのう。人は誰でも、たとえば、明るい光に包まれているとき、心は自然に明るく、和やかなものになってくるじゃろう。それと同じように、明るい音楽を耳にしている時も心は自然に明るい気分になってきおる。目から入る刺激と耳から入る刺激はそれぞれ異なっていても、そうした刺激によって作り出される心模様は明るいという言葉で表現される同じものじゃ。

私　そうか、刺激は異なっていても、そうした刺激によって生み出される心模様は一つの言葉で表現されているんだ。

ジー　そうじゃ。だから、逆に明るいという言葉によって、そうした刺激による心模様が連想され、一つの言葉が複数の感覚と特殊な係わりをもつことになるんじゃ。これは、言葉が生み出す概念世界をもつ人間だけに与えられた特殊な心の世界であることがわかるじゃろ。言葉という、物でも刺激でもないものを頼りにして、ある概念を生み出す力、それこそ人間だけに与えられた能力じゃ。

私　な〜るほど。なんだかだんだんわかってきた気がする。さっき、共通感覚について、アリストテレスは、五感相互を結びつける感覚として共通感覚を考えていたといいましたよね。それは、動物にもある感覚ということになりますよね。犬にしても、毬とじゃれている犬なんか、目で毬を見ながら足で触ったりして、視覚と触覚が一つの毬を認識している。視覚に入る刺激と触覚に入る刺激とは異なっているけど、それを一つの毬として認識できているのは、まさにアリストテレスが言及した共通感覚があるからですよね。ところが今ジーが言ったように、一つの言葉が複数の感覚と特殊な係わりをもつというのは、動物のもつ共通感覚とは違い、概念世界で生まれてくる人間だけがもつ共通感覚ですよね。そして、そこに概念世界と係わるイメージの存在があるということですね。

ジー　そういうことじゃ。

私　だんだんと言葉と感性との係わりがわかってきた気がします。ところで、話が少しそれてしまいますが、そのイメージなんですが、人間以外の動物や昆虫には、イメージというものは存在しないのでしょうか？

ジー　人間以外の動物といえどもイメージはもっておる。でもな、そのイメージは人間の抱くような概念世界から生まれてくるイメージではなく、直感や外部からくる刺激がもとになって生み出されるイメージなんじゃ。アリが餌を見つけるのも、蜂が餌を見つけるのも、それらは匂いといった直接的な刺激が餌のありかをイメージさせる。ところが、人間は、そうした生物と同じ刺激に基づいたイメージを生み出すことはもちろんできるんじゃが、それに加えて、言葉という、刺激でも物でもないもの、すなわち概念によってイメージを描くことができるんじゃ。この刺激と直接係わることのない概念の世界を人間は手にしたことで、言葉によるコミュニケーション能力や複雑な道具や機械を生み出す能力を持つことになったのじゃ。

私　ジー、ちょっと待って。概念の世界が誕生したから言葉によるコミュニケーションができるようになったというのは、なんとなくわかるのですが、どうして、概念の世界の誕生が、道具や機械を作り出すことを可能にさせるのですか？

（八）

ジー　よいかな、言葉によってコミュニケーションができるというのは、言葉という概念世界にだけ存在するものを基本にして、個々異なる単語の並びを結びつけて、一つのイメージを生み出すことができるからじゃ。要するに、人間にしても、動物にしても、頭の中を駆けめぐっているのは、全体で一つとなるイメージだけじゃ。一つのイメージが与えられるから、一つの行動ができる。そのイメージを人間だけが概念という世界から作り上げることができる。そのイメージのやり取りによって互いの思いを伝え合うというのが言葉による人間のコミュニケーションじゃ。

私　それは理解できます。

ジー　それとまったく同じように、道具や機械が生み出す働きや機能というのは、人間の概念の世界で作られたイメージなんじゃ。その人間の抱くイメージを具体的に見える世界に形作ったものが、いくつもの部品を秩序よく組み合わせることによって生まれてくる道具や機械じゃ。だから、道具も機械も人間の概念世界で作り出されたイメージに負っておるのじゃ。要するに、いくつもの言葉によって作り上げられる意味内容にしても、いくつもの部品によって作られる道具や機械のもつ働きや機能にしても、それらは人間の心に描かれたイメージによって生み出されてきておるということじゃ。

私　なんだかわかってきた気がする。要するに個々の単語の集まりによって意味内容を生み出してくるのも、個々の部品をまとめ上げて一つの機能を生み出してくるのも、部分を秩序立ててまとめ上げ、全体で一つのイメージを作り上げている概念の世界があるからということなのね。

ジー　そういうことじゃ。

私　それはわかるわ。それと、今ジーが言った、人間も動物もすべてのものが行動する源には、一つのイメージがあるというのは、なんだか目からうろことという気がします。要するに、私たちのさまざまな行動のすべては、全体で一つというイメージに負っているということなのね。

ジー　そうなんじゃ。だからじゃ、人間の作り出すもの、小説、絵画、音楽、機械、道具といったものすべて、人間の概念世界で作り出されたイメージが基になって生み出されてくるものなんじゃ。そして、さらに、この概念世界の登場は、神という、これも刺激や物としてとらえることのできないものを感じ取り、宗教的な世界をも作り上げることになったんじゃ。

私　そうか、人間に概念世界が生まれたから、言葉と五感との係わりという連想も生まれてくるということね。だから、共通感覚というのが、まさに概念世界である人間性の心の基盤として考えられるようになったということね。それと、今、わかったわ。イメージの鋳型、すなわち言葉と五感との係わりの民族性が、人類が人間へと進化した時の心の遺跡だということね。人類が人間へと進化した時、人間性の心の基盤としての概念世界ができあがり、それと同時にイメージの鋳型ができあがって、それがいくつかの民族性を帯びて、心の遺跡となったということね。そうか、こうして話していてだんだんわかってきたわ。イメージの鋳型は概念の世界に作られた鋳型だということね。

ジー その通りじゃ。だから、イメージの鋳型が形作られたことそのことが、人類が概念の世界を持つことになったことの証拠であり、人類が人間へと進化したことを物語っておるんじゃ。そして、そのイメージの鋳型が誕生した時が、人類が人間へと進化した時と考えられるんじゃ。

私 なーるほど。ということは、イメージの鋳型というのは、人間の誕生を探る一つのセンサーということになりますね。

ジー その通りじゃ。

私 ではいったい、そのイメージの鋳型はいつ頃生まれたのでしょうか？

（九）

ジー そうじゃな、それが一番知りたいところじゃな。実は、言葉と五感との係わりの民族性を分析した結果の中に、その答えが現れておったのじゃ。どういうことかというと、その民族性は、ヨーロッパ民族であるとか、東アジア民族であるとか、大きく四つの民族グループを作り上げておるんじゃが（81頁図）、そのグループ相互の係わりを見ていくことで、イメージの鋳型がいつ頃生まれたのかをとらえることができるんじゃ。

私　そのグループというのは、言葉と五感との係わりが同じような傾向をもっているグループということですよね。

ジー　そうじゃ。そのグループの一つに、ユーラシア大陸の両端に住む民族だけで構成されておるものがある。そのグループには、ポルトガル人の一部、イギリス人の一部、スウェーデン人の一部といった、西と北ヨーロッパのはしに生活する人たちが含まれておるんじゃが、それに加えて、三つのタイプに分けられた日本人の内の一つのタイプも含まれておるんじゃ。

私　えー、ちょっと待って。どうしてヨーロッパの西と北のはずれに生活する人たちの言葉と五感との係わりが、日本人の一部の人のそれと同じになってくるんですか？　それって、ユーラシア大陸の西と東のはしに住む人たちが、もともと同じ一つの民族であったということなんでしょうか？

ジー　その通りじゃ。その昔、人類はアフリカから旅立ったのじゃが、たぶんこのグループに属する民族が一番早くユーラシア大陸に入り、ある時期を境にして、西と東に分かれて旅立った。その後、次々にユーラシア大陸に入り込んできた民族によって追われるように、西と東のはしに住みつくようになったんじゃろう。

なんでもそうなんじゃが、たとえば、中心に湧水の出ている池を思い浮かべると、先に出た水は、新しく出てくる水によって池のはしの方に押しやられていくじゃろ。中心にあるものは新しく、古いものははしへと押しやられていく。それと同じように、人類もアフリカ大陸を出て、ユーラシア大陸という大地の中で、先にユーラシア大陸に足を踏み入れた民族は、後からユーラシア大陸に足を踏み入れてきた民族に押しやられるように、ユーラシア大陸のはしへと移動していったということじゃ。

私　なーるほど、そういうことなんだ。

ジー　このユーラシア大陸の西と東のはしに住む民族は、同じイメージの鋳型をもっておるんじゃが、そのことは、このイメージの鋳型が形作られたのは、この民族が西と東に分かれる前であったということになるじゃろう。

私　そうか。これらの民族が、同じ場所に一緒に生活していたから、同じイメージの鋳型が作られ、その後これらの民族が離れ離れになった後でも、イメージの鋳型は、しっかりと子々孫々に遺伝されてきているということね。

ジー　そうじゃ。

私　この民族が西と東に分かれたのはいつ頃のことなのですか？　それはわかっているのでしょうか？

ジー　それはじゃな、考古学的な研究とＤＮＡによる分析結果から遅くとも三万年前頃までには別れていたことが推測されておる。[29,30]

私　じゃー、イメージの鋳型は、三万年前より以前に形作られたということになりますね。

ジー　そうじゃな。

私　これと同じように、イメージの鋳型が形作られた時期を決定づけるデータは他にはないので

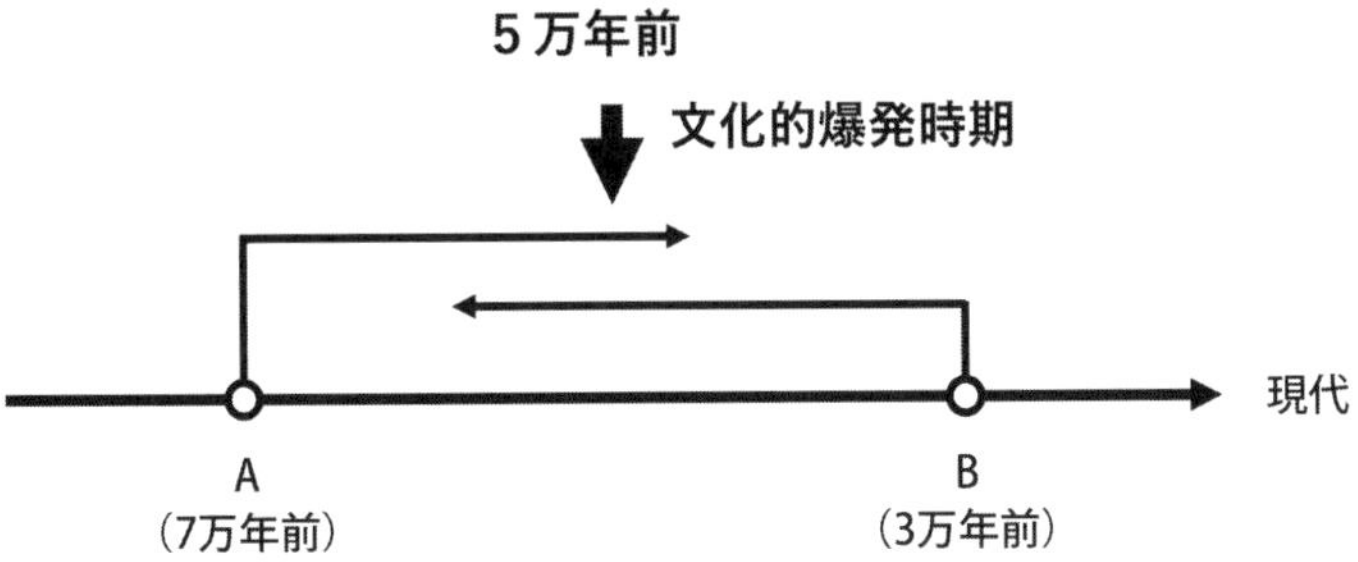

共通感覚の誕生した時期

A：東アジア民族（クラスターB）とヨーロッパ民族（クラスターC）とが分かれた時期

B：日本人-1とクラスターAに属するヨーロッパ民族とが分かれた時期

しょうか？

ジー　それはまた別な民族との係わりから得られてきておる。各民族のイメージの鋳型の特徴を見て行くと、ヨーロッパ民族と東アジア民族の言葉と五感との係わりは、まったく異なっておるのじゃが、このことは、イメージの鋳型が作られたのが、もともと一つの民族であった人類が、ヨーロッパ民族と東アジア民族とに分かれた以降ということになってくるじゃろ。

私　そうね、二つの民族のイメージの鋳型が異なっているということは、この二つの民族が分かれた以降にイメージの鋳型が形作られたことになりますね。その時期はいつ頃のことなのですか？

ジー　この二つの民族が分かれた時期は、ＤＮＡの分析から求められておって、今から七万年前頃のことになる[29,31,32]。だから、イメージの鋳型が作られたのは、七万年前以降ということになってくる。

私　ということは、さっきの結果とを合わせると、イメージの鋳型が形作られたのは、七万年前より後で、三万年前より以前のどこかだったということになってきますね。

ジー　そうじゃな。そのどこかの時点でイメージの鋳型が形作られたということは、その時に、人類には概念世界が誕生し、現代人と同じ心の世界をもつことになったといえるのではないじゃろか。

私　そうですね。ただ、ちょっと待って。確かに、三万年前から七万年前の間というのは、データに基づいて得られてきた値ですが、その時期は、考古学の世界で浮かび上がってきている文化的爆発の時期と重なってきませんか？

（十）

ジー　その通りじゃ。さっき言ったように、考古学の世界では、五万年前頃から急に、人類の遺跡や遺物に、現代人と同じ心の存在を推測させるようなものが残され始めておる。絵画、彫刻、きめの細かい道具、さらには、海を越えて、オーストラリア大陸に移動するという行動も、この時期急に現われてきておる。これまで、考古学の世界では、この文化的爆発の出来事は、人類に突然のごとく起こった精神的な進化の現われであると考える考古学者もおったのじゃが[16]、そのことを決定づける直接的な証拠が得られてはいなかったために、ダーウィンの進化論を踏襲して、漸進的な流れの中に組み込まれつつあったのじゃ。

私　そうでしたよね。さっきのジーの説明では、五万年前頃に起きた文化的爆発が、突然人類が人間へと進化したことによるものではなく、人類の進化が、五万年前以前から、ダーウィンのいうように少しずつ行われながら、五万年前頃にその進化の速さを急速に早めた結果だと考えられるようになっているということでしたよね。

ジー　でも、どうじゃ、これまで話してきたように、イメージの鋳型が形作られたのが三万年前から七万年前の間ということは、文化的爆発が、この時期に人類に人間としての心が誕生したことによるものであることをあらためて確証してくれることになるのではないじゃろか。

私　そうね。心の世界から見てくると、そう考えられますよね。

ジー　それともう一つ大切なことは、文化的爆発が、ヨーロッパの地だけではなく、アジアやオーストラリアの地においても、ほとんど同じ時期に起きていたという事実は、これまでジーが言ってきた人間性の心の基盤としての共通感覚の誕生が、空間の壁を越えて、それぞれの民族にほとんど同時的に起きていたことをも確証してくれるのではないじゃろか。

私　そうか。考古学の世界から浮かび上がってきた文化的爆発、それは、今までジーが語ってくれたように、ヨーロッパ大陸、アジア大陸、そしてオーストラリア大陸といった世界中でほとんど同じ時期に起きていましたよね。その考古学的な事実が、心の世界から探求してきた共通感覚の誕生と重なってきたということは、文化的爆発が、人類が人間としての心の基盤をえたことによって起きたものであることを確信させてくれますよね。ただ、なにもその誕生が、この時期に突然起きたというのではなくて、ダーウィンの進化論で説明されるように少しずつ進化してきて、この時期に完成されたと考えることはできないのでしょうか？

ジー　そうじゃな、一番重要なところに質問が入ってきたのう。そうなんじゃ、そういうふうに考えることもできないわけではない。ただ、言葉と五感との係わりの民族性をよく考えてみると、次のことに気付かされるのじゃ。それはじゃな、言葉と五感との係わりに民族性があるということは、その民族性は、各民族に独立に誕生しておったということじゃ。イメージの鋳型が民族的特徴をもっておるということは、イメージの鋳型が形作られた時、人類はいくつかの民族に分かれて生活しておって、それぞれの民族に特有のイメージの鋳型が形作られたということでないと、筋が通らないじゃろう。

私　うーむ、そうね。イメージの鋳型は遺伝するのですし、そのイメージの鋳型は、ジーがさっき説明してくれたように、数万年の間変わってはいなさそうですから、一旦それが形作られてしまうと、そのままの状態で、各民族に遺伝していくでしょう。だから、いくつか異なるイメージの鋳型があるということは、それらのイメージの鋳型は、各民族それぞれに独立に誕生していたことになりますよね。

ジー　そうじゃろう。そして、そのイメージの鋳型は、これまで見てきたように、共通感覚という人間性の心の基盤となるものが誕生したことによって形作られたものじゃ。その心の基盤が各民族に同じように誕生したことで、すべての民族が現代人と同じ心を抱いて文化的活動を始めることになった。さて、その心の基盤の誕生が、漸進的だったのか、それとも突然だったのか。それは、推測することしかできないのじゃが、ジーは、突然だったのではないかと思うのじゃ。

私　それはどうしてですか？

ジー　その根拠の一つは、文化的爆発の時期と共通感覚の誕生時期とが重なり合っているということ、それから、各民族に同じ人間としての心の基盤が生まれておるが、それが、各民族に別々に、かつ漸進的に生まれてきたとはどうみても考えられないからじゃ。その共通感覚が、どのような形で遺伝子の中に組みこまれておるのか、そのことはともかくとして、人間性の心の基盤という人間にとっての根源的なものが、それぞれの民族に独立に、かつ漸進的に同じような速さで形作られてくるなどということがあり得るじゃろうか。

私　確かにそうですね。ジーの推測する根拠には必然性がありそうに思えますね。それと、人間性の心の基盤が漸進的に進化してくるということがイメージできないですよね。ちょっと変な言い方かもしれませんが、０・７の人間性、０・９の人間性というのがいったいどういうものなのか、そうした不完全とも思える人間性の心なんて、想像もできないおかしなもののように思えます。

ジー　そうじゃな。お前さんは面白い表現をしてくれたのう。０・７の人間性、０・９の人間性なんて存在しうるのじゃろうか。ま、この問題は、今ここであれこれと議論しておると、話しが余計に複雑になってしまうから、もう少し話が進んだ後で振り返ってみることにしよう。そうすれば、共通感覚の誕生が、空間の壁を越えて各民族に一斉にかつ突然起きていたということをより強く確信できるはずじゃ。

私　わかったわ。その時にまた考えてみることにします。で、ジー、もう一つわからないことがあるのですが。それは、イメージの鋳型はいくつかの民族的特徴を持っていますが、それはいったいどのようにして形作られたのでしょうか？

（十一）

ジー　イメージの鋳型がどのようにして形作られたのか、これもまた推測するしかないのじゃが、ジーは次のように考えるのじゃ。イメージの鋳型というのは、感性を表現した言葉と五感との間に特殊な係わりを生み出すものだったじゃろう。要するに、イメージの鋳型は感性と係わっておるということ、さらに、それは人間だけに与えられた概念の世界とも係わっておる。概念の世界がなければ、言葉と五感との係わりなど生まれてはこないから、とにもかくにも、概念の世界、すなわち共通感覚が誕生したことによって、イメージの鋳型が形作られたということは、言えるじゃろう。そして、そのイメージの鋳型が五感と係わっておるということ、かつ、民族性があるということはじゃ、その民族性を生み出しておる源が、人類に概念世界が誕生した時に各民族が生活しておった風土的なものにあったということではないじゃろか。

私　イメージの鋳型が風土と係わっているのですか？　その風土というのは、五万年前頃、人類がいくつかの民族に別れて住んでいた時のそれぞれの民族が生活していた自然環境ということですね。

ジー　そうじゃ。感性というのは五感と深く係わっており、五感を通して入ってくるさまざまな刺激が多様な心模様を作り上げておる。したがって、各民族が生活しておった風土的刺激が、共通感覚という概念世界の誕生によって、イメージの鋳型として固まったのではないじゃろか。

私　それって、どういうことですか？

ジー　たとえば、草木の豊かに生えた森林的な風土のもとで生活しておった人類には、日々五感にさまざまな刺激が飛び込んでくる。新緑のまぶしい光、草木から放たれる香気、木々の間にこだまする鳥の声、そして、草木の間を吹き抜けてくる涼風というふうに、さまざまな刺激が五感に飛び込んでくる。そして、そうしたさまざまな刺激が、全体として一つのイメージを作り上げておるのじゃが、そこに概念世界が登場してくることによって、そのイメージが概念化され、イメージの鋳型を作り上げたのではないじゃろか。要するにイメージの鋳型は、人類に概念の世界が誕生した時に、それぞれの民族が生活しておった風土と係わって作り上げられたとジーは考えるのじゃが、どうじゃろか。

私　なーるほど、イメージの鋳型が風土との係わりによって生まれてきたというジーのその考え、それはそれで正しいように思います。私のような素人にも、すんなりと入ってきます。ただ、そのイメージの鋳型が形作られたことと共通感覚の誕生との係わりはいったいどうなっているのでしょうか?

ジー　イメージの鋳型は、それぞれの民族で、それぞれ異なった風土と係わって、特徴のあるものが形作られた。そのイメージの鋳型が形作られるためには、人類に概念の世界が誕生しなくてはならなかった。これはこれまで語ってきたことじゃから理解してもらえると思うのじゃが。

私　はい、わかります。

ジー　この概念世界において全体として一つのイメージを創出させるもの、すなわち概念世界を統合しておるものを先に共通感覚という言葉で表現しておいたのじゃが、その共通感覚が誕生したから、人類は人間へと進化した。すなわち、人間性の心の基盤としての共通感覚を手にしたことになる。そして、その共通感覚が誕生したことで、これまで語ってきた風土と係わった言葉と五感との係わりを生み出すイメージの鋳型も誕生することになった。要するに、人間性の心の基盤としての共通感覚が人類に共通に誕生したことで、それぞれの民族に特有なイメージの鋳型が必然的に形づくられたということじゃ。どうじゃろか？

私　なーるほど。前に疑問に思っていた人間性の心の基盤としての共通感覚の意味が、だんだんわかってきた気がします。要するに、人類が人間になることができたのは、共通感覚という人間に特有な概念世界を統合する力を得たからなのね。そのことによって、人間だけがもつさまざまな能力が発揮できるようになったということなのね。そして、言葉と五感との係わりは、そうしたさまざまな人間のもつ能力の一つの現れということね。

ジー　その通りじゃ。

（十二）

私　でも、ちょっと待って、科学者はそうは考えないでしょう。科学者は、そうした目に見えない統合力の存在を云々することよりも、人間になるためには、言葉を使ってコミュニケーションができる能力や、部品を組み合わせて一つの道具を作る能力や、絵を描く能力といった個々の能力を生み出す遺伝子がいくつも誕生しなければならないと。

ジー　そうじゃな、そう考えるかもしれんのう。

私　でも、もしそうだとして、そうした遺伝子が、ダーウィンのいうように少しずつ時間とともに形作られてくるのだとすると、一挙に現在生きている人間のような能力が生まれてきたとはとうてい考えられないですよね。

ジー　それはどうしてじゃ？

私　だって、それぞれの役割をもった遺伝子が、それぞれ別々に形作られたとしたら、道具を作る能力だけが先に進化し、高度な技術による道具作りがされていても、言葉によるコミュニケーションはまったくできなかったり、あるいは幼稚であったりしただろうし、絵は上手に描けたとしても、道具を作ることはまったくできなかったりと、今の人間社会からしてみたら、中途半端な人間社会が作られてきてしまったように思うのですが。

ジー　そうじゃな。まさにお前さんが指摘してくれた中にきわめて重要なことが秘められておる。要するに、人間がもつさまざまな能力を、一つ一つ取り出してくると、いくつもの異なった能力が示されてくる。それらが、個々異なった遺伝子によって生み出されておるのだとすると、お前さんもそう思ったように、人間になるためには、そうしたいくつもの遺伝子が、個々別々に、しかも同時的に進化してこなくてはならないことになってしまうじゃろう。はたしてそうしたことが、わずか数万年、いや数十万年でもいいのじゃが、そうしたわずかな時の中で、しかも変異と自然選択というものによって、可能だったじゃろうか？

私　そんなこと、どう考えても無理なことのように思えますよね。

ジー　ま、お前さんも科学者の一人なんじゃが、たぶん多くの生物学者、進化学者は、お前さんのようには思わないじゃろう。あくまでもダーウィンの進化論を正当化させようと確率論など持ち出してきたりして、そうしたことも可能というじゃろうな。でも、さっき言ったように、言葉と五感との係わりを生み出すイメージの鋳型ができた時、人類は、いくつかの民族に分かれて、別々の地で生活しておった。そうした別々に生活しておった民族に、別々に同じいくつもの遺伝子に同じような変化が起こり、同時進行的に人間へと進化したと考えられるじゃろうか。進化学者はそうしたことを平行進化とかいって納得しおるんじゃろうが、そんなに短期間に、別々の民族に同じような変異がいくつもそれぞれ独立に起こることなど、どんな確率論を用いても不可能ではないじゃろうか。

私　そうよね。しかも変異という偶然にまかせているのですから、そんなこと起こりそうもないような気がしますよね。

ジー　それと、もっと単純な疑問として、お前さんもそう思ったように、人間だけに特有な遺伝子がいくつも独立して存在しているとするならじゃ、そうした遺伝子が個々別々な時期に形作られてもよさそうなものではなかろうか。そしたら、ある動物は言葉によるコミュニケーションができても、道具作りはできなかったり、ある動物は道具作りは得意だけれど、言葉によるコミュニケーションはまったくできなかったりと、今人間のもっているさまざまな能力の一部を別々にもったいくつもの生物が存在していてもいいはずじゃろう。でも、そうした人間に特有な能力は、人間だけに限られておる。そうするとじゃな、そこには、そうした特別な能力と係わる遺伝子だけではなく、そうした遺伝子を全体で一つのものとして、人間だけに特有なものとして働かせておるものの存在が不可欠になってくるじゃろう。それこそが、共通感覚としての統合力の存在なんじゃ。

私　なーるほど。そうね。人間だけが、言葉によるコミュニケーションができたり、芸術活動ができたりするということは、そうした個々の能力の根底に、人間だけにそうしたさまざまな活動ができる心の基盤がなくては不可能なことですよね。だから、そうか、さっき、遺伝子のレベルから個々の機能を持つ遺伝子の誕生が、同時的に人間に誕生することなど確率的にも不可解なものになってしまうというのは、個々の遺伝子だけに関心を向けていたからなのね。ひょっとして、そうした遺伝子は、もともとある機能をもってすでに存在していて、人間に特有な共通感覚が誕生したことで、そうしたもともとあった遺伝子が、新たな機能として、あるいは高度な機能として働き始めたということではないのかしら。そう考えると、以前ジーが言っていたように、一つの遺伝子がいくつもの機能をつかさどるのに使われているという事実が納得できてくるように思うのですが。

（十三）

ジー　お前さんは大したものじゃ。その通りなんじゃ。実は、お前さんの言う通り、言葉によるコミュニケーションを可能にする遺伝子のように、人間に特有なさまざまな能力を生み出す遺伝子の多くが、人間より下等な生物のゲノムの中にすでに存在しておることがわかってきておるんじゃ。

私　えー、言葉をつかさどる遺伝子が人間以外の生物にも存在しているのですか？

ジー　そうなんじゃ。最近の研究で人間の言語機能と係わる遺伝子が発見されてきておって、その遺伝子は、人間だけがもつ遺伝子ではなく、マウスやキンカチョウのゲノムの中にも存在しておるし、それと似た遺伝子が爬虫類のゲノムの中にも存在しておることがわかってきておる(33)。そして、そうした遺伝子は、人間以外の生物では言葉によるコミュニケーションとはまったく異なった機能を生み出すために用いられておるようなんじゃ。すなわち、機能が必ずしも遺伝子だけによって生み出されておるのではないということじゃ。

私　それって、前にお聞きしたことですよね。イネの遺伝子の数が人間の遺伝子の数よりも多いということもその一つでしたよね。

ジー　そうじゃ。だから、そうした遺伝子が、人間のもつ言葉によるコミュニケーション能力や複雑な道具作りの能力を発揮するためには、そうした遺伝子とは別に、それらを全体でまとめ上げるもの、すなわち共通感覚なるものの誕生が不可欠だったのじゃ。

私　ジーの話を聞いていて、ふとオーケストラの演奏者と指揮者との関係が浮かんできたわ。オーケストラの演奏者の中には、バイオリン奏者もいれば、ホルン奏者や打楽器奏者もいる。そうした奏者を多様な遺伝子だとすると、共通感覚の存在は指揮者のようなものね。実際に演奏するのは演奏者なんだけれど、指揮者の存在によって同じ演奏者であっても、異なった演奏になってきて、全体としてオーケストラが奏でる音楽が指揮者によって異なったものになってくる。遺伝子と共通感覚との係わりは、なんだかそんな係わりみたいですね。

ジー　お前さんの言う通りじゃ。指揮者は演奏そのものはしていないから、直接、音そのものには関係してはこない。でも、オーケストラの醸し出す全体の音色や雰囲気といったものに大きな影響を与えてくる。まさに共通感覚と遺伝子の関係そのものじゃ。

私　ジー、ただちょっと待って。私はジーの説明されるままに、色々なことを考えながら、理解しようと務めてきたし、だから、遺伝子と共通感覚の関係を演奏者と指揮者との関係に直感的に結び付けたのですが、自分で言っておきながら、はたと壁にぶつかってしまったようです。というのは、これまでのジーの説明では、共通感覚は人間性の心の基盤となっているものでしたよね。その共通感覚は、目には見えないものとして、人間一人ひとりの心の内に秘められているものでしたよね。その共通感覚がまとめ上げているのは人間の抱く概念世界でしたよね。でも、さっき遺伝子をまとめ上げるものとして、私の譬《たと》えでいうと指揮者の存在として、共通感覚が考えられていましたが、それは遺伝子という目に見えるものをまとめ上げるという、なんだか力学的な力のようで、心の基盤とはまったく違うもののように思えるのですが。

ジー　これはきわめて重要なところに気付いたのう。まさに本質的なところに話がきたように思う。確かにお前さんの言う通りなんじゃ。共通感覚は目には見えないもの、人間の心の内にあるものじゃった。それがどうして、遺伝子をまとめ上げる力になるのか、お前さんの抱いた疑問は、まさに生命そのもののもつ秘められた力と直接係わってくるものなんじゃが、今ここで、そのことに話を進めてしまうと、話がごちゃごちゃになってしまうので、もう少し話が先に進んだところで、この問題について話すことにしよう。ただ、結論だけ先に言っておくと、人間性の心の基盤としての共通感覚は、人間としての特有な行動を生み出す源であると同時に、多種多様な遺伝子をまとめ上げて人間のゲノムを作り上げておるということ、さらにそれが複雑な遺伝子ネットワークをコントロールしておるということじゃ。このことは、もう少し話が先に進んでいくとはっきりと見えてくるじゃろう。

私　わかったわ。では、その疑問を今はとりあえず心の片隅に置いておくことにするわ。

（十四）

ジー　よろしい。そうした疑問に答えていくための直近の問題として、共通感覚の誕生とイメージの鋳型の誕生との係わりをもう少しはっきりさせないと、新たな世界が見えてはこないように思うのじゃ。

私　そうね、そういわれてみると、共通感覚の誕生とイメージの鋳型の誕生との係わりが、私にはまだはっきりとつかめていないように思うわ。確かに、イメージの鋳型は風土と係わっているように思えますが、そのイメージの鋳型と共通感覚の誕生との係わりが、もう少し具体的なものとして捉えられていない気がします。

ジー　そうじゃな。共通感覚というのは前に言ったように、概念世界を統合するもので、人間性の心の基盤になっておるものじゃった。その共通感覚が誕生した時、イメージの鋳型が作られたのじゃが、それは風土と深く係わっておるものと考えられた。さっきも言ったように、イメージの鋳型は、五感への刺激が作り出す心模様じゃが、その五感への刺激は、人間が生活する環境、すなわち風土と切っても切れない係わりをもっておった。そして、共通感覚はすべての民族に共通に誕生したのじゃが、その共通感覚の誕生によってイメージの鋳型は、それぞれの民族が生活しておった風土と係わって各民族で異なったものとして形作られた。そうじゃったよな。

私　はい、その通りです。ただ、そのことはデータに基づいた流れの中で考えてみるとそういうことになるしかないように思うのですが、でも、なんだかそのことを具体的なイメージとして浮かばせることができないのですが。共通感覚はすべての民族に共通に誕生したのに、イメージの鋳型はそれぞれの民族に固有のものとして形作られたというのがどういうことなのか、まだ確固としたものとしてつかみきれないのですが。

ジー　では、そのことを具体的なものとしてとらえてもらうために、火山から噴出するマグマに譬えて考えてみることにしよう。そうすると、少しは理解がしやすくなるかもしれん。マグマが固まるのが、共通感覚の誕生だとしよう。火山から噴出するマグマは、四方八方へと流れ出て固まっていくが、草木の豊かに繁茂する南麓に流れ出たマグマは、草木を巻き込んで固まっていくじゃろうし、草木の生えない北麓に流れ出たマグマは、石ころを内に巻き込んで固まっていくじゃろう。マグマは同じじゃが、流れ出た方向によって、マグマと草木、マグマと石ころといったように、中味が異なってくる。このマグマの譬えと同じように、共通感覚はどの民族にも同じように誕生したのじゃが、その共通感覚の誕生の時に、それぞれの民族には、風土と係わったイメージの鋳型が作られたのじゃ。

私　その譬えはわかりやすいわ。要するに、同じ共通感覚ではあるけれど、その共通感覚を基盤にして、民族によって異なるイメージの鋳型が形作られているということですね。

ジー　その通りじゃ。

私　だんだんわかってきたような気がします。人間を人間たらしめる共通感覚がすべての民族に共通に誕生した時、イメージの鋳型は、それぞれの民族の生活していた風土と係わって形作られたということが、具体的なものとしてイメージすることができてきたような気がします。で、そのことはわかってきたのですが、そのことと人類進化との係わりをどう結び付けていったらいいのでしょうか？

（十五）

ジー　そうじゃな。それを考える上で大切なことじゃから、これまでわしが話してきたことをここで振り返ってみることにしよう。一つは、言葉と五感との係わりに民族性があり、それはイメージの鋳型として、一人ひとりの心の中に遺伝として組み込まれておるということ、二つ目は、そのイメージの鋳型は、共通感覚という人間性の心の基盤が誕生した時に、同時的に形作られたということ、そして、三つ目は、その誕生は、五万年前頃であり、文化的爆発の時期と重なりあってくるということ。こういうことじゃったのう。

私　はい。

ジー　これらのことを考えると、人間の誕生は、共通感覚の誕生によってもたらされたものであるということが、人類の進化を考える上で一番重要なものになってくるじゃろう。すなわち、人類が人間になったのは、人間のもつさまざまな能力が個別に誕生したからというよりも、そうした人間ならではの能力の基盤となる概念世界を統合する共通感覚が誕生したからであるといえるじゃろう。そして、その誕生は、今から五万年前頃のことで、文化的爆発と称される人類の人間的営みの始まる時期と重なりあってきた。

私　そうですね。さっきも考えてみたように、人間の持つ個々の能力の進化だけを考えていたのでは、おかしなことになってしまいましたよね。人間の誕生は、人間性の誕生であり、その人間性を生み出している心の基盤が共通感覚ということになってきますよね。

ジー　そうじゃな。ただ、ここで問題となってくるのは、この五万年前頃、DNAの分析結果によると、人類は、すでにアフリカ大陸を離れ、いくつかの異なる民族に分かれ、別々の地で生活しておったということじゃ[29]。そうだとすると、共通感覚は各民族に独立に誕生していたことになる。このことは、前にイメージの鋳型に民族性があることから、イメージの鋳型は、当時、別々な場所に生活しておったいくつかの民族にそれぞれ独立に誕生していたことを指摘しておいたが、そのこととも係わっておる。そして、これは、マグマの譬えが示しておるように、それぞれの民族に独立に共通感覚が誕生したからイメージの鋳型に民族性が生まれたということでもある。

私　もしそのことが事実だとすると、共通感覚は、いったいどのようにして、各民族に独立に誕生したのでしょうか。もし、変異によるのだとしたら、それは、個から個へと遺伝していきますが、それは、同じ民族の中だけのことであって、民族間での交配の可能性のない、離れた場所で生活していた他の民族にも同じように、共通感覚が誕生していたとなると、それぞれの民族の中において、同じ時期に、同じ遺伝子に、同じような変化が生まれたということになってきますよね。でも、それって、起こりそうもないですよね。まだ、二つくらいの民族に、独立に、同じような変化が起きたということであれば、ま、そういうことも長い時の流れの中では起きることかもしれないと思えるのですが、共通感覚が誕生した時には、人類は、すでに少なくとも四つの民族に分かれていたのですから、その民族に、個々別々に、同じ遺伝子に、同じ変異が、ほぼ同時的に起きるなどということはとても信じられるものではないですよね。

ジー　そうじゃな。そうしたことは、科学的に考えるならば、すなわち、遺伝子に何らかの変化が起きた、あるいは、新たな遺伝子が突然どこからかやってきたというような遺伝子のレベルで考えている限り、起こりそうもないことじゃな。

私　そうですよね。少なくとも四つの異なる民族に、人間性の心の基盤となる共通感覚が、ほとんど同じ時期に誕生していたというのは、どう見ても遺伝子のレベルで考えている限り不可思議なことになってきますよね。でも、ちょっと待って。……

……………

さっき、人間の能力との係わりで、人類が人間になったのは、人間の持つさまざまな個別の能力が誕生したからというよりも、そうした人間ならではの能力の基盤となる概念世界を統合する共通感覚が誕生したからだという考えにたどり着きましたよね。それっていうのは、共通感覚は、遺伝子そのものではないということではないでしょうか。

ジー　それはどうしてじゃ。

私　というのは、言葉によるコミュニケーションの能力に関しても、絵を描く能力に関しても、そうした能力は、遺伝子と係わっていますよね。でも、さっき言ったように、そうした能力の根底には、概念世界を一つにまとめ上げている共通感覚がなくてはならないですよね。その共通感覚は、人間としての個々の能力を発揮しているのではなく、そうした能力の基盤となるものですから、人間のもつ能力のすべてに共通に係わってくることになりますよね。それは、さっき私が譬えに言ったオーケストラの演奏者と指揮者との係わりということですよね。ということは、共通感覚はすべての遺伝子に平等に影響を与えている何かということになってきませんか。そうすると、それは、遺伝子そのものではないように思えてくるのですが。

ジー　お前さんは大したものじゃ。さすが研究者の卵だけあって、洞察力が鋭いのう。

私　なんだかだんだん興奮してきたみたい。ジー、わかってきたわ。共通感覚は遺伝子ではないのですよ。それは、ずっとさっき話している中で司令部の話が出ましたよね。イネの遺伝子が人間の遺伝子の数より多かったり、ヒトデの遺伝子の七割近くが人間の遺伝子と同じであったりしていて、遺伝子の数が必ずしも生物の下等、高等を決めてはいないと。そして、一つの遺伝子が、ある機能だけを受け持っているのではなく、さまざまな機能や器官を作る上で係わってきていると。そうしたことが起きているのは、遺伝子全体を統合している司令部のような存在があるのではないかという話でしたよね。まさに、その司令部の働きを共通感覚がしているということではないでしょうか？

ジー　なんということじゃ。おまえさんはもう立派な研究者じゃな。そうなんじゃ。遺伝子は、科学者が目に見える世界で見つけ出してきたものじゃが、そうした遺伝子だけでは、生物の営みを説明できなくなってきておって、それが、遺伝子全体をコントロールしておる司令部のような存在があるはずだと前に推測しておいたのう。まさに、お前さんが指摘してくれたように、人類が人間に進化した時に得たものは、司令部ならぬ共通感覚としてとらえられておる遺伝子全体を統合しておる統合力だったのじゃ。

私　ジー、ちょっと待って。そして、その共通感覚としての統合力は、さっきの話ですと、各民族に独立に誕生していたということですよね。でも、独立に誕生していたというのは、なんだかことを複雑にしてしまっているように思えませんか。というのは、人間性の心の基盤となり、人間に不可欠な機能を生み出す遺伝子群をコントロールするほど重要なものが、各民族に、独立にそれぞれ別々に誕生するなんてこと考えられるでしょうか。それは、さっき人間の能力をつかさどるいくつもの遺伝子が各民族で同じように誕生してきたというよりもさらに確率的には少ないことのように思えるのです。確率云々というよりも、そんなこと科学的には考えられないことではないでしょうか。むしろ、各民族に別々に独立して誕生したというよりも、同じ共通感覚としての統合力が、一斉に各民族に誕生していたという方が、なんだか考えやすいというか、シンプルのような気がするのですが。そして、それは、先のマグマの譬えと重なり合ってきますよね。

……………

でも、そんなことありえないですよね。……五万年前頃、人類は、いくつかの民族に分かれ、別々なところで生活していたのですから。それらの民族に、交配ということもなく、空間の壁を越えて、一斉に同じ共通感覚が誕生するなんて、どう考えてもあり得ないことですよね。

第三部

生命探求への科学の限界

（一）

ジーの話から、人間誕生の秘密がだんだんと明らかになってきたが、そこから見えてきたものは、人間を人間たらしめているものとしての概念世界を統合する共通感覚の存在である。それは、遺伝子そのものではなく、遺伝子すべて、すなわち人間のゲノムを統御しているものであることがわかってきた。でも、その誕生となると、どうしても時間と空間の支配する世界だけでは解決できそうもない問題が残されてきた。共通感覚はいったいどのようにして、別々の所に生活していた人類に作用し、空間の壁を越えて、一斉に人間を誕生させたのだろうか？

ジー　五万年前頃、人類は、いくつかの民族に分かれ、別々な所で生活しておった。それらの民族に、交配ということもなく、空間の壁を越えて、一斉に同じ共通感覚が誕生するなどということは、お前さんもそう思ったように、どう考えても起こりそうもないことじゃ。でも、その起こりえないことが起きておった。ではいったいどう考えたらいいのじゃろうか。皮肉なことに、われわれが、そのことを科学的に考えようとすればするほど、確率的にはどうしても起こりえないことを起こりうるものとしなければならなくなってくる。それは、科学が自分で自分の首を絞めることになってしまうのじゃが、実は、そこに、生命と係わった真理を探求することの科学の限界があるんじゃや。

私　それはどういうことなんですか？　生命と係わった真理を探究することの科学の限界とは？

ジー　前にも少しばかりそのことに触れておいたのじゃが、実は、科学的探究のアプローチは、時間と空間とに支配された世界では有効なんじゃが、時間と空間とを超えた世界ではまったく用をなさないのじゃ。

私　それって、どういうこと？　時間と空間とに支配された世界と、時間と空間とを超えた世界とはどういうことなんですか？

ジー　それはじゃな、見る世界と感じる世界とでも表現できるじゃろうか。科学は、自然の営みを目で見て観察することで、そこにある規則的なものを見つけ出してきた。その規則的なものは、見える世界でとらえられたものじゃ。原子、分子の発見にしても、染色体やＤＮＡの発見にしても、それらは目に見える世界で見つけ出されたものじゃ。もちろん、原子や分子そのものを肉眼で見ることなどできないのじゃが、そうしたものの動きを測定器でとらえたり、倍率の高い顕微鏡によって直接観測したりすることはできる。それらは、目に見える客観的な世界でとらえられたものじゃ。このように、これまで科学が明らかにし、さまざまな法則としてその規則性を見つけ出してきたものは、すべて目に見える世界で繰り広げられる自然の営みじゃった。そして、その見える世界では物事が必ず時間と空間とによって規定されておる。

私　そうですね。科学が対象としているのは四次元の世界が基本ですから。

ジー　でもな、われわれは、その見える世界を観察する心以外に、人の愛を感じたり、花を美しいと感じたりというように、感じる世界をもっておる。それは人間だけではない。動物でも、昆虫でも、そして、単純な生命体でも、皆感じる世界をもっておる。その感じる世界があるから、生物は本能的行動ができるのだし、人間にしても、人を愛し、自然を愛し、そして文化を生み出すことができておる。この感じる世界というのは、生きる上でなくてはならんものだし、生命というのは、まさにこの感じる世界そのものなんじゃ。でも、その感じる世界を見える世界で客観的にとらえることはできないじゃろう。

私　そうね、人の心、動物の心、昆虫の心を想像することはできても、直接その心を目で見ることはできないわね。

ジー　というのは、感じる世界は、科学が頼りにしている時間と空間とを超越しておるからなんじゃや。

私　でも、どうしてその目に見えない世界は時間と空間とを超越しているのですか？

（二）

ジー　それは難しい質問じゃな。ただ、簡潔に言ってしまうと、もともと生命の世界は時間も空間もない世界なんじゃが、その生命から物質が生み出されたことによって時間と空間とに支配された世界が作られてきたということじゃ。要するに、もともと感じる世界としての生命の世界があり、その生命の世界から物質が生み出され、そうした物質から成り立っている宇宙や地球上のさまざまな生物や自然は、人間からしてみれば目に見えるものであり、それらはすでに時間と空間とによって規定されておるということじゃ。そして、そうした目に見えるものはすべて、目に見えない生命によって支えられておるんじゃ。

私　なんだかわかるような、でも、ちょっとわからないような。要するにそれは人間の認識する世界において、目で見、耳で聞くというように、五感と係わって認識される世界はすべて時間と空間とに支配されているということね。それに対して、感じる世界というのは時間と空間の支配を受けないということね。

ジー　その通りじゃ。その時間と空間に関しては、またおいおい話が出てきおるじゃろうから、だんだんと理解できてくるじゃろう。いずれにしても、科学が追い求めてきた世界は、見える世界での現象じゃから、そこでは必ず時間と空間とが係わってきおる。ニュートンの見出した万有引力の法則にしても、原子や分子の世界を記述した量子力学にしても、そこでは必ず時間と空間とが係わっておる。だから、見える世界だけで生物の営みを観察しておると、時間と空間とによって必ず規定されてしまうのじゃ。ダーウィンの進化論も目に見える生物の形態的変化から考えだされた推論だから、必ず時間と空間とが係わってきおる。一個体に起きた変異が交配によって子孫に伝えられていくというのは空間との係わりだし、そうした変化が何世代もの間に蓄積され、大きな変化となって新たな種に変わるというのは時間との係わりじゃ。

私　なーるほど、ダーウィンの進化論が時間と空間とによって規定されていたことが、今よくわかりました。

ジー　でも、生命の営みは、今言ったように、そうした時間と空間との束縛からは離れておる。

じゃが、時間と空間とに支配された世界で物事を考え続けてきた科学者には、なかなか時間と空間とを超えた世界の存在が理解できないのじゃ。だから、前にも言ったように、生命そのものは、時間と空間とを超越している目には見えない世界にあるのにもかかわらず、その生命の営みとしての生物の進化をどうしても時間と空間の支配する世界の中だけで考えようとしてしまうのじゃ。

私　なんだかだんだんわかってきたような気がする。私たちは、目で見、耳で聞いたものを認識する感覚に慣れてきてしまっているから、どうしても時間と空間が支配する四次元の世界だけに住んでいるのだと思い込んでいるのね。でも、今ジーが説明してくれたように、人を愛したり、花を見て美しいと感じたりするその心は、時間と空間の世界とは一線が画されていますよね。

ジー　そうじゃろう。先にも言ったように、生命というのは、直接目でとらえることはできないし、時間と空間とを超えた世界にある。さっき、共通感覚の誕生が、五万年ほど前に誕生していたというところまでは話してきたし、その共通感覚が、当時いくつかの民族に分かれて生活していた人類に、同時的にどのようにして誕生したのか、時間と空間の支配している世界で考えていたのでは、確率的にも無理な話であることを言ったのじゃが、その統合力の誕生こそ時間と空間とを超えた世界での出来事だったのじゃ。その時間と空間とを超えた生命の世界において、ある一つの統合力、この場合には共通感覚という人間に特有の統合力なんじゃが、その統合力が誕生すると、それは、人類の個々体の内的世界を一斉に貫くことになったのじゃ。

私　そうか。共通感覚の誕生を時間と空間の支配する世界で考えていたから、どうしても納得できない問題にぶつかっていたんですね。

ジー　そうじゃ。見える現象の世界には、個々異なった肉体をもつ個々体が存在しておるが、それは時間と空間とに支配された世界で見た状態じゃ。その時間と空間とに支配された世界に存在する個々体の内を時間と空間とに支配されない統合力が貫いておる。したがって、共通感覚という人間に特有な統合力が、生命の世界に誕生したことで、見える世界に存在していた個々体が、一斉に人間へと進化したのじゃ。その統合力の誕生によって、今度は先のマグマの譬えのように、言葉と五感との係わりを生み出すイメージの鋳型が、各民族の風土と係わって形づくられたのじゃ。

私　それはなんとなくわかるような気はする。ただ、今ジーがさらりといった、生命の世界に統合力が誕生したことで、見える世界に存在していた個々体が、一斉に人間へと進化したというそのことが、もう少しはっきりとしないのですが。

（三）

ジー　そうじゃな。そのことを理解するためには、まずは、先にも言ったように、われわれの住む世界が、時間と空間とに支配された世界と、時間と空間とを超えた世界の二つの世界から成り立っておるということをしっかりと理解しない限り理解できないのじゃが、では、その二つの世界があることを日常生活の中で少しばかり考えてみることにしようかのう。お前さんがホテルや病院に行った時、あるいは、バスや電車を使う時などに、まずは時間と係わって良いサービスだと思うことをいくつか言ってもらえないじゃろか。

私　えー、いきなりサービスですか？　そうですね、時間と係わって良いサービスっていったいなんだろう。たとえば、バスや電車では、時刻通り運行してもらえるというのは良いサービスだと思いますね。待たされるというのは嫌ですから。それから、ホテルなどチェックインする時など、迅速な対応というのはいいですよね。まだ他に時間と係わったもので良いサービスってあるかしら。あ、それから、深夜バスや、最終電車というのが遅いほどいいですよね。コンビニエンスストアーなどのように二十四時間営業というのは、利用者にとっては便利ですよね。他に何かあるかしら。

ジー　ま、そのくらいにしておこう。お前さんが今言ってくれた中に、時間と係わった言葉がいくつかあったのう。時刻通り、迅速、二十四時間営業、といった言葉は、時間と係わっておることがよくわかる。が、他にないじゃろか。こうした言葉とちょっと違った時間感覚を表す言葉なんじゃが。ホテルや旅館を考えてもらうと、浮かんでくるかのう。

私　ホテルや旅館で、時間と係わった良いサービス？　今まで言ったこと以外で何かあるかしら？　うーむ。

ジー　入浴時間やチェックアウトの時間などを考えてもらうと、浮かんできそうなんじゃが。

私　えーと。何かあるかしら？　入浴時間。そうね、お風呂にはゆっくり、のんびり、ゆったりと入りたいから、時間が決められているのは、なんだか落ち着かなくて嫌ですよね。それから、チェックアウトの時間？　それは、できるだけ遅い方がいいですよね。余裕というか、ゆったりできますよね。

ジー　そうじゃな。お風呂なんかは、時間を気にしないで、のんびり、ゆったりと入りたいし、チェックアウトの時間も、できるだけ遅く、出発するのにもあまり時間を気にしないでいられる方がいいのう。その、のんびり、ゆったりという言葉、それは、時間と係わっておるじゃろう。

私　えー？　あー、そう言われてみれば、そうですね。

ジー　それでは、また質問じゃ。お前さんがさっきあげてくれた、時刻通り、迅速、二十四時間営業といった言葉で表現された時間と、今、旅館のお風呂との係わりであげてくれた、のんびり、ゆったりという言葉によって表される時間と、何がどう違うんじゃろか？

私　えー、なんだろう？

ジー　ここはきわめて重要なところだから、じっくりと考えておくれ。

私　迅速、二十四時間営業というのと、のんびり、ゆったり、いったい何がどう違うのだろうか……。

……………

そうか、最初の時間は時計で計れる時間だ。そして、後の時間は時計では計れない時間、そうですよね。

ジー　その通りじゃ。始めの方の時間はお前さんが言ってくれたように、時計で計れる時間じゃ。迅速という言葉にしても、二十四時間営業という言葉にしても、時間と係わっておるが、そうした言葉が指し示しておるのは、時計で測れる時間じゃな。それに対して、のんびり、ゆったりという言葉が表しておる時間感覚は、一人ひとりが心の内で感じる時間感覚じゃ。それは、時計で計れる時間とはまったく次元の異なる時間感覚であることがわかるじゃろう。

私　そうね、そう言われてみれば、時間感覚に二つのちがった感覚があることに気付かされますね。

ジー　要するに、われわれの住む世界には、この時計で計れる客観的な世界と、時計では計れない主観的な世界とがあるということじゃ。そして、科学がもっぱら対象とするのは、時計で計ることのできる客観的な世界だけじゃ。ところが、生命の世界というのは、そうした客観的な世界にあるのではないのじゃ。さっきも言ったように、生命とは、客観的にとらえられるものではなく、それは一人ひとり、生物それぞれが内なる世界に主観として感じとっておるものなんじゃ。だから、人間の誕生という生命の営みにしても、ただ客観的な世界だけで考えておったら、その真の姿をとらえることができなくなってしまうのじゃ。

（四）

私　でもジー、アリが動いているのも、蜂がブーンと飛びまわっているのも、目に見える世界での出来事ですが、その動きを見て、私たちはアリや蜂が生きていると判断しますよね。それらは目に見える世界でとらえた生命そのものなのではないのですか？

ジー　そうじゃな。誰も皆そう考える。でも、そのことを一歩下がって考えてみたらどうじゃ。

アリや蜂にそうした行動をとらせておるのは、アリや蜂の心じゃろう。心というと人間的じゃというのなら、心の代わりに内的世界とでも表現してもいいじゃろう。その内的世界があるから、アリや蜂をはじめとして、すべてのものは自ら動くことができる。そして、その内的世界と直接係わっておるものこそが生命そのものなんじゃ。だから、科学が、目に見える世界をいくら分析したところで、内的世界は見えてはこないし、生命の営みそのもののもとらえることなどできないのじゃ。

私　なーるほど、そうか。セミなんかも、鳴いたり、飛んでいる時には生きていると思うけど、道端で動かなくなってしまったセミは、セミの形はしていても、生きているとは思いませんよね。ということは、生命は目に見える世界にはないということね。

ジー　そうじゃ。われわれは目に見える世界こそが現実に存在している世界だと思い込んでおるから、そこにすべてがあるものと考えてしまう。そして、それが客観的であり、正しく判断できる世界なのだと思い込んでしまっておる。ＤＮＡが一定の時間割合で変化するという変異は、科学がとらえたもので、客観的な世界で起きておる。そうしたものをいくらとらえ、分析したところで、それは生命そのものの営みを正しくとらえてはいないのじゃ。生命そのものの営みを正しくとらえるためには、主観的な世界、すなわち内的な世界を探求することがどうしても必要なんじゃや。

私　そういうことね。生物の進化、そして、人間の誕生というのは生命の営みなんだから、内的な世界を探求しないと生命の真の姿というのは見えてはこないし、生物の進化の真相なんか見えてはこないということなのね。なんとなくわかるような気がする。

ジー　科学の発達してきた近代社会は、その科学が発見したものを基本にして、さまざまな道具や機械を生み出してきて、それらが人間社会に便利さと快適さとをもたらしてきておるから、だんだん人間が、科学こそ絶対的なものだと思い込むようになってきてしまった。だから、先に言った感じる主観的な時間については、ほとんど考えられないまま、ただ科学が扱う時計で測れる時間だけが独り歩きをしてきてしまったのじゃ。そういう意味からすると、現代の社会に生きておる人間は、ある意味生命を歪ませた世界の中で生活しておるということかもしれん。だから逆に、科学的な考えなどまったくなかった昔の人の方が、生命の世界を正しくとらえておったのではないじゃろか。その証拠に、科学などまったくなかった大昔の人たちは、先にジーが言った二つの時間があることにすでにちゃんと気付いておったのじゃ。

私　へー。それはどうしてわかるのですか？

ジー　お前さんは、浦島太郎という昔話を知っておるじゃろ。

私　はい、あの子供たちにいじめられていたカメを助け、海に逃がしてあげた浦島太郎が、その後、先のカメの恩返しということで、カメの背中に乗って、竜宮城に行き、そこで、乙姫様や美しい人たちに囲まれて楽しいひと時を過ごす物語ですよね。

ジー　そうじゃな。

私　その物語が二つの時間と何か係わりがあるのですか？

ジー　今、お前さんが話してくれた物語、竜宮城を後にした浦島太郎はどうなったか、その続きの物語をご存知かな。

私　はい、知っています。竜宮城で楽しいひと時を過ごした浦島太郎は、もう家に帰らなければと、その場をお暇《いとま》し、再びカメの背中に乗って、自分の家にもどってきます。ところが何か変なのです。さっき竜宮城に行く前に、カメの背中に乗って出かけた同じ場所にもどってきたのですが、そこで見かける景色も、なんだか前と違っているように見えるし、すれ違う人たちも、まったく見かけたことのない人たちばかりだったのです。そこで、出会った人に、浦島太郎の知人の一人について尋ねたところ、その人はすでに何十年も前に亡くなっているということなのね。そこで、なんだか変だと感じながらも、家にもどってみると、そこには、まったく見たこともない人たちが生活していたの。その人たちに、浦島太郎という人について、だから自分自身のことについて尋ねてみると、その人はもうとっくに亡くなってしまっていて、お墓があるとのことね。そこでそのお墓を訪ねてみると、確かにそこには浦島太郎と書かれたお墓があったの。浦島太郎は、いったい何が起きたのか、まったくわからなくなり、竜宮城を後にするとき、乙姫様に決して開けてはいけないと言われて受け取った玉手箱を開いてみたの。すると、そこから白い煙が出てきて、浦島太郎はあっという間に白髪の老人になってしまったというのが物語ね。

ジー　その通りじゃ。でじゃ、この物語には、先に言った二つの時間が巧みに表現されておることに気付いたかのう。

私　この物語に二つの時間がですか？

ジー　そうじゃ。浦島太郎が竜宮城で過ごした時間は、楽しい時間、それは、先に言った二つの時間の中で、感じる時間じゃ。それは、時計で測ることのできない時間じゃったのう。そこでは、いわゆる客観的時間は流れてはいない。だから、時計が止まっておる。ところが、浦島太郎が帰ってきた陸の世界では、今度は、時計で測れる客観的時間が流れておって、そこでは、何十年もの時が流れておったことになる。誰もが時として体験することじゃが、楽しいことをしている時には、時間はあっという間に流れてしまう。それは、まさにこの浦島太郎の物語が語っておる感じる時間と時計で計れる時間との係わりじゃ。そして、玉手箱から出てきた白い煙は、感じる時間から時計で測れる時間へのスイッチ、すなわち、理性ということになってくる。その理性によって、科学が生まれてきたのじゃ。わかるかのう。

私　なーるほど、確かにそうね。竜宮城は心の世界だったということね。でも、私、大学で、物理の時間にこの浦島太郎の物語について少しばかり学んだことを思い出したわ。その時の物理学の先生は、確かアインシュタインの相対性理論を持ち出して、光のスピードで動いていると、時間が止まるということを話のネタにして、竜宮城は光のスピードで動いている世界だというような話をしていたと思いますが。

ジー　そうじゃな、科学者というのは、そうやって、あくまでも外を見る目で物事をとらえようとするのじゃ。心の世界で起きておる目に見えない世界についても、そうやって見える世界だけで考えようとしてしまうのじゃ。だから、科学が発展すればするほど、そして、科学者が、外の世界に夢中になればなるほど、人は心の奥の世界を置き忘れてしまうということになってくるんじゃ。

ま、そのことはまた後で話すとして、今までは、時間についてだけ考えてきたんじゃが、空間に関しても、同じことが言えるんじゃ。空間にも時間と同じように、二つの空間があるんじゃが、お前さん、そのことがわかるかな。

（五）

私　二つの空間ですか。一つははっきりしていますよね。縦、横、高さといわれる三次元空間ですよね。もう一つの空間？　なんでしょう？

ジー　そうじゃな。一つは、今お前さんが言ってくれた三次元空間、それは、さっきの時間との係わりの中で言った時計で計れる時間と同じように、物差しで測ることのできる空間じゃ。ここからあそこまでの距離はいくらいくらというように、誰もが客観的にとらえることのできる空間じゃ。その空間を表す言葉の代表には、携帯電話のコマーシャルなどによく使われておった、どこからでも、どこへでもという言葉がある。科学がもっぱら分析の対象とするのはこの物差しで測ることのできる空間じゃ。それに対して、美しいとか、快適とか、落ち着くといった言葉で表現された空間があるじゃろう。美しい部屋だとか、快適な空間だとか、落ち着いた場所だとか、そうした言葉が表現しておる空間は、心で感じ取る空間じゃ。

私　そうか、確かに物差しで測る三次元空間とは別に、私たちは、自分の部屋や、ホテルの部屋、あるいは公園といった場所で、美しいとか、快適とかいった環境と係わった感覚を持ちますよね。

それは、ジーがおっしゃったように、物差しでは測ることのできない感じる空間ですよね。

ジー　そうじゃ。それでじゃ。人間が生きておる中で、これまで語ってきた二つの時空間というのは切っても切れないきわめて大切な係わりをもっておるんじゃが、生命と係ってくるのは、時計や物差しで測れる時空間ではなく、感じる時空間なんじゃ。先に、生命と係った真理を探求する上で科学には限界があるといったのは、このことなんじゃ。

私　なーるほど、そういうことだったのね。

ジー　科学が探究する世界は、時計や物差しで測れる時間と空間の世界、すなわち四次元の世界じゃ。それに対して、生命そのものが働くのは時計や物差しでは測ることのできない世界、それは、時間も空間もない世界とも表現できるじゃろう。そして、それは見える世界、すなわち現象の世界ではとらえることのできない世界じゃ。さらに重要なことは、科学が分析の対象としている目に見える世界は、実は、目に見えない世界によって生み出されておるということじゃ。

私　ちょっと待って。その目に見える世界は目に見えない世界によって生み出されているというのは、どういうことですか？

ジー　それは、さっきお前さんがハチやセミが動き回っているのを見て生きていると言っていたことと同じことじゃ。そのハチやセミが動き回っているのは目に見える世界の出来事じゃ。でも、その動き回ることをさせておるのは、ハチやセミの内的世界、すなわち目には見えない世界じゃ。そのように、目に見える世界に展開しておるさまざまなもの、人間はもちろん、多様な生物や数えきれないほどの星が輝くこの宇宙にしても、目に見えない世界によって生み出され、育まれておるんじゃ。

私　そうなんだ。私たちが目にしているさまざまな現象の背後に、その現象を生み出す目に見えないものが存在しているということね。

ジー　その通りじゃ。われわれは、目に見える現象の世界に存在するものこそが、実際に存在するものだと思い込んでおるんじゃが、その現象を生み出しておる目に見えない世界が存在しておるんじゃ。この辺はちょっと難しいかもしれんが、身近なこととして、お前さんの日常の行動が目に見える肉体によっておこされておるのではなく、目に見えないお前さんの心の内にある意志によるものであるということを考えるなら、少しは理解されるのではないじゃろか。

私　それはわかるわ。そして、そうか、さっき、セミの話で、鳴いているセミや、飛んでいるセミは生きていると思えるけれど、道端で動かなくなったセミは、生きているとは思えないといったけど、その生きている、生きていないの源は、目に見える形態ではなく、目に見えないものの存在なのですよね。ただ、私たちは、その目に見えないものの存在を、目に見えるものの動きをたよりにとらえていたということなのね。

ジー　その通りじゃ。そして、科学はもっぱら目に見える現象の世界に展開する事物の規則性をとらえることに終始し、目に見えない世界には蓋をしたままなんじゃ。でもな、その目に見える世界の規則性自体、目に見えないものによって生み出されておるんじゃ。それは、今お前さんの言ったセミとその動きとの係わりじゃ。われわれは目に見えないものの存在を客観的にとらえることはできないが、その目に見えないものの存在を、目に見えるものの動きとしてとらえておるんじゃ。

私　そうなのね。

ジー　ま、そのことはともかくとして、その目に見える世界を分析するのが科学であり、目に見えない世界を扱うのが哲学であったり宗教であったりするんじゃ。これまで、言葉と五感との係わりということで議論してきた共通感覚は、時間と空間とによって規定される現象の世界ではとらえることのできない内的世界のものだったじゃろ。それに対して、遺伝子やＤＮＡといったものは、科学が明らかにしてきたもので、時間と空間の世界でとらえられたものじゃ。

私　そうね。確かに言葉と五感との係わりというのは、アンケート結果として目で見ることはできますが、それを生み出している源の共通感覚は、客観の世界にあるのではなく、一人ひとりの心の内にあることはわかります。そうなんですね、人間を人間たらしめている一番肝心なもの、その共通感覚は、直接目で見ることのできないものだから、それは科学ではとらえることなどできないということなのですね。

ジー　そうじゃ。人間の営みを基盤で支えておる共通感覚は、人間の内面にあるのであって、それを客観的な世界でとらえることはできないのじゃ。だから、共通感覚という目に見えないものの誕生は、時間と空間で規定された世界ではとらえることができない、すなわち、科学ではとらえることができないということじゃ。だから、お前さんもすでに気付いてくれたように、共通感覚の存在は、科学がとらえた記号としてのＤＮＡの中には書き込まれてはいないということじゃ。そうではなくて、ＤＮＡの内側を貫いておるとでも表現しておこうか。

（六）

私　まだ完全にはジーの言うことを理解できてはいないのですが、現象の世界では別々に見えるもの、個々独立した存在としてあるものの内側を、共通に貫いている目に見えないものが存在しているということね。そして、その目に見えないものは時間と空間を超越しているということね。

ジー　そういうことじゃ。そして、そうしたことを考えの基盤に置くとじゃ、先に見た、共通感覚の誕生が、五万年前頃、別々の地に生活しておったいくつかの異なる民族に同時的に一斉に誕生しておったということが、科学の考えるＤＮＡの変異によるとか、交配によって個から個へと変異が伝えられていくといったようなものではなく、時間と空間とを超えた世界で起きていたことがわかってくるじゃろう。要するに、共通感覚という人間性の心の基盤となる統合力が、時間と空間とに支配されない世界に誕生したことで、それがすべての個々体の内的世界を共通に貫いて、空間の壁を越えて、当時生活しておった人類を一斉に人間へと進化させたのじゃ。

私　なんとなくわかったような、でも、なんだかまだわからないような気がする。時間と空間の支配する世界と、時間と空間を超えた世界とが、錯綜しているからなのかもしれないけれど、その辺のことをもう少しはっきりつかめる方法はないでしょうか。

ジー　それは、むずかしいな。ただ、次のような比喩でもって、少しは理解が容易になるかもしれん。お前さん、数珠を知っておるな。

私　葬儀などの時に使うものですよね。
ジー　そうじゃ。あの数珠は、いくつもの珠の中心を糸で貫いて全体で一つのものとしてまとめてあるものじゃな。
私　はい、そうです。
ジー　あの数珠の珠一つ一つを人間一人ひとりの肉体だとしよう。そして、その珠の中心を貫いておる糸が、人間に特有な共通感覚だとしよう。共通感覚は唯一無二のもので、それが、すべての人間の内的世界を貫いておる。珠一つ一つは違っていても、その内を貫いておるものはただ一つの糸。それは、肉体は異なっていても、その肉体の内を貫いておるのは、人間に共通な唯一無二の共通感覚であるのと同じことじゃ。数珠の珠一つ一つは目に見える客観的な世界にあるんじゃが、その珠一つ一つの内部を貫く糸は、唯一のもので、外からは見えないものじゃ。それと同じように、個々の体は、異なってはいるんじゃが、その内的世界には、唯一無二の共通感覚が貫かれておるということじゃ。
私　その比喩はわかりやすいわ。
ジー　そして、その共通感覚としての統合力が新たに誕生した時、それは、時間と空間を超えた世界で起きたのじゃが、それが起きた時、目に見える個々体は、一斉に人間へと進化することになったのじゃ。目に見えない世界での新たな統合力の誕生という営みが、目に見える世界には、時間と空間とに係わった現象として見えてくる。だから、個々体が空間の壁を越えて一斉に新たなものに変化するという何とも奇妙なものに見えてくるんじゃ。

私　そうか、目に見えないものが目に見えるものの内を貫いていて、目に見えるものを支えているというのは、そういうことなのね。そして、目に見えないものが、時間と空間を超越しているというのは、こういうことだったのね。

ジー　そうじゃ。だから、五万年ほど前、共通感覚が、別々の地に生活しておった異なる民族に一斉に誕生していたというのは、共通感覚が、時間と空間を超えた世界で新たに誕生したからなんじゃ。そして、その唯一無二の共通感覚が誕生した時、各民族は一斉に人間へと進化し、それと同時に風土と係わったそれぞれの民族に特有なイメージの鋳型が形作られたということじゃ。

私　なんだか、だんだんわかってきたような気がする。要するに、私たちの生きているこの世界には、見える世界と感じる世界とがあって、見える世界は時間と空間によって支配された世界であるのに対して、感じる世界は時間と空間とを超越しているということね。そして、その感じる世界によって、目に見える現象が生み出されているということなのね。科学は、この見える世界だけに焦点を当てているから、時間と空間とに係わった現象の世界は正しく分析できても、時間と空間を超えた生命と直接係わる感じる世界で起きていることを無視してしまうというわけね。

ジー　その通りじゃ。時間と空間とが支配するのは物として目に見える世界、すなわち物質世界じゃが、心のように目に見えないものは時間と空間とを超えた世界にある。科学は目に見える物質と係わった世界の分析に終始するから、それは自ずと時間と空間の支配を受けるし、時間と空間を超えた世界の存在を無視してしまうんじゃ。

（七）

私　そういうことなのね。それと、ジーのこれまでの説明を聞いていてだんだんとわかってきたことなんですが、さっき共通感覚の誕生と、各民族に固有のイメージの鋳型の誕生との係わりを火山が噴火した時のマグマの固まるのを譬えに説明してくれたでしょう。

ジー　そうじゃが、それがどうした？

私　その譬えをもとにして考えてみると、マグマはすべての民族に共通ということですから、それは人間としてのゲノム全体と係わっているでしょう。それに対して、イメージの鋳型というのは、個々の民族によって異なっていましたよね。それは、マグマと石ころ、マグマと草木との係わりのように、すべての民族に共通な共通感覚というものと、個々の民族に特徴的なイメージの鋳型という二つの相異なるものが存在していますよね。そのことを考えると、共通感覚の誕生は、時間と空間とを超えた生命世界での出来事なのに対して、イメージの鋳型は時間と空間の支配する世界で形作られたことになりますよね。すなわち、目に見えない世界で遺伝子全体を一つに統合しているのが共通感覚であり、目に見える世界で遺伝子と係わっているのがイメージの鋳型ということになりますね。そして、この両者は、紙の表と裏のように、相見互いに結び付いているということなんですね。

ジー　その通りじゃ。

私　そして、わかってきたわ。それにもかかわらず、科学は目に見える世界だけしかとらえることができないから、目に見えない世界の存在に気がつかないということね。それは、紙の表しか見ないで、紙に裏があることに気付かないようなものね。

ジー　その通りじゃ。遺伝子は、見える世界にある。だから交配ということで、子々孫々にその特徴を伝えていける。そこに変異が起きた時にも、その変異をそのまま子孫に伝えていく。だから、時間とともに変異が蓄積されていく。科学は、これだけしか見ていない。これに対して、共通感覚の誕生という時間と空間を超えた世界で起きておるものは、すべての人類に共通に作用し、それは、遺伝子という目に見えるものからは離れておる。だから、遺伝子だけを見ておると、DNAの変化が時間とともに直線的に変化する様子が見えてくるんじゃが、共通感覚のように時間と空間を超えた生命世界にあるものは、突然誕生し、誕生した後はずっと同じままなんじゃ。

私　そうなのね。変わるものと変わらないものが二つにして一つ、まさに不易流行の世界が生命の世界なんですね。

ジー　そうじゃ。だから、五万年前頃に起きた文化的爆発のもととなった共通感覚の誕生をDNAの変異からは求めることはできないんじゃが、見える世界しか見ていない科学者は、DNAの変異から現生人の誕生を文化的爆発の起きた時よりはるか以前の二〇万年前あたりであると直線的に推測してしまっておるんじゃ。

私　なーるほど、そういうことだったのね。ジーの今の話を聞いていると、五万年前頃に別々のところで生活していた人類に同時的に共通感覚が誕生し、そのことによって人類は人間へと進化し、文化的爆発を起こすことになったというのがかなりよくわかってきました。そして、その人間誕生のプロセスを考えてみると、それは古生物の化石記録に残されている突然新たな種が誕生し、誕生した後は、ほとんど変化することなく何百万年もの間、同じ種として生き続けているという断続平衡の現象そのものですよね。

ジー　そうじゃな。

私　ということは、人間誕生に見た時間と空間とを超えた世界での統合力の誕生というのが、すべての生物種の誕生と係わっているということではないでしょうか？

ジー　その通りじゃ。人間だけの誕生が特殊ではなく、すべての生物種の誕生には、人間誕生に見たように、時間と空間とを超えた世界での統合力が関与しておる。そのことをしっかりと物語っておるのが、お前さんも気付いたように古生物の化石記録に見られる断続平衡の現象じゃ。でもな、そうした断続平衡の現象を生み出しておる生物の内的世界の有り様がわからなかったから、これまでそうした現象をとらえておっても、それを時間と空間とが支配する現象の世界での因果で考えようとしてきてしまったのじゃ。そうした生物の内的世界で起きておることを知るためには、どうしても人間誕生に秘められた進化の真相を知る必要があったということじゃ。

私　それはどうしてでしょうか？

ジー　それはじゃな、生命の営みは、すべて心の内、すなわち内的世界で行われておるんじゃが、その内的世界を意識と係わらせてのぞき見ることができるのは、人間が人間自身の心の内をのぞいた時だけであるからじゃ。このことは、これまでジーが語ってきたことの中で一番重要なことだと言っても過言ではないじゃろう。

私　なーるほど、確かにそうですね。セミやハチ、あるいは犬や猫にも心があるとわかっても、人間が分析できるのは、それらの振る舞いであったり、それらの遺伝的性質であったりと、目でとらえることのできる外的な特徴だけで、それらの心自体ではないですよね。

ジー　そうじゃ。生命進化の真相は、心の内に秘められておるのにもかかわらず、ダーウィンをはじめとする生物進化を科学してきた科学者たちは、そのことにはまったく気付いておらんから、生物の現象界での振る舞い、すなわち形態であるとか行動様態といったものの変化や規則性を調べることで、生物の進化を議論し、それを基に生物の進化の学説を作り上げてしまったのじゃ。

私　そうか、人間自身が人間の心の有り様を探求したことで、人間誕生の真相が、人間の心の世界からとらえることができ、そこに展開する生命の営みが時間と空間とを超えた世界でなされているということが見えてきたということですね。ダーウィンをはじめとする進化学者たちは、生命と深い係わりを持つ心の世界そのものを議論することなく、生命ではない目に見える現象の世界に展開するものだけをたよりに生命進化の有り様を考えてきてしまったから、どうしても時間と空間とにしばられた世界の中で生物の進化を推論してしまわざるをえなかったということですね。そして、そのことによって、ダーウィン自身が自身の学説では説明しがたいいくつかの難題をも抱えることになってしまったということなんですね。

ジー　そういうことじゃ。

私　なんだか、よくわかってきた気がします。この世が二つの世界、時間と空間を超えた世界と時間と空間とに束縛された世界でできていることを理解したことで、人間の誕生や、生物の誕生がこれまで以上にはっきりとわかってきた気がします。

第四部

生命の本質――すべてのものに心が宿る

（一）

ジーの話から、生命の営みを理解するためには、二つの時空間の存在を理解することがどうしても必要なのだということがわかってきた。科学がもっぱら係わる世界は、時計や物差しで測ることのできる時空間だが、生命の営みはその世界からは離れていて、時間と空間とを超えた世界にある。その世界に統合力が誕生する時、時間と空間とに支配された目に見える世界には、空間の壁を越えて一斉に新たな生物が誕生するという現象になって現れてくる。それは、まさに古生物の世界で謎とされてきた断続平衡の現象であり、カンブリア爆発でもある。時間と空間とを超えた世界の存在を考えてくると、古生物の世界で起きているいくつかの謎が謎ではなくなってくる。でも、その一方で、これまでずっともやもやとしながら心の内で抱いていた疑問がよりはっきりした形で現れてきた。それは、統合力の誕生が、どのようにして新たな生物を生み出すのかということだ。そこには、まだ生命の内に秘められた謎があるように思えるのだが、その所をジーはどのように考えているのだろうか？

私　これまでジーの語ってくれたことを要約すると、共通感覚の誕生のように時間と空間を超えた世界で起きているものは、目に見える現象の世界には、空間の壁を越えて、一斉に何かが起きる現象となって現われてくるということでしたよね。そうしたことはわかってきたけれど、またいくつかわからないことが起きてきちゃいました。

ジー　どんなことじゃ。

私　一つは、すべての生物の誕生にそうした新しい統合力の誕生が関与しているとして、その統合力の誕生が、どのようにして新たな生物を一斉に誕生させるのでしょうか？　これは、五万年前頃に共通感覚が誕生したことによって、別々の地に生活していた人類が、どのようにして、一斉に人間になったのかという疑問と重なり合ってくるのですが。

それと、二つ目の問題として、統合力は、生物の形態とどのような係わりをもつことになるのでしょうか？　詳しくはわからないのですが、それぞれの生物には、それぞれの生物を形作っている遺伝子の集まりゲノムがあるでしょう。そのゲノムによって、それぞれの生物には、それぞれに特徴のある形態が形作られてきますよね。人間のゲノムは、人間だけのものとしての特徴をもっていますし、そのゲノムによって、人間が形作られてくる。そうしたゲノムと統合力との間にはどんな係わりがあるのでしょうか？

ジー　これもまた難しい質問じゃな。まず、統合力の誕生が新たな生物を一斉に誕生させるのはどのようにしてなのか、そのことの答えはしばらく待ってもらうことにしよう。おいおいそのことがはっきりとわかってくるじゃろうから。まずは、統合力と生物の形態との間にどのような関係があるのかという二番目の質問に答えていくことにしよう。その質問に答えるために、人間の営みを少しばかり考えてみると、お前さんの言う難問に少しは明かりが見えてくるかもしれん。車をちょっとイメージしてもらおうかな。あの車、何をもって車なんじゃろうか？

私　そんなの簡単だわ。……えーと、ちょっと待って、何をもって車とするか？　ハンドルでもないし、エンジンでもないし、車輪でもないし、そうしたものが集まって一つの車なんだけど、何をもって車とするかとなると、とても難しいですね。私の頭の中には、エンジンによって、車輪が動き、人間の思い通りに動いてくれるものが車なんだという漠然とした、でも確かなイメージはあるんですが、それを説明するとなると難しくなってしまうわね。一つ一つの部品を取り上げていっても、それは説明にはならないわね。

ジー　その通りじゃな。車を車たらしめておるのは、ハンドルでもエンジンでも、車輪でもない。車を車たらしめておるのは、そうしたいくつもの部品を集めて一つの車を作り上げておる人間の抱くイメージにあるんじゃ。ハンドルもエンジンも車輪も、そして、それ以外のいくつもの部品も、それだけでは、車になりはしない。そうした部品が集まって一つの車が出来上がるのは、人間の抱く車としての一つのイメージがあるからじゃ。そのイメージが、いくつもの部品を秩序立てて結びつけておるから、全体で一つとなって車としての機能が生まれてくる。要するに、部品という目に見えるものが、人間の抱いた車のイメージという目に見えないものによって秩序づけられておるから、車としての機能が生まれてくるということじゃ。そこには、見えるものを秩序立てて結び付け全体で一つの機能を生み出す見えないものの存在がある。そのことはわかるじゃろ。

私　はい、わかります。

ジー　それと同じことが、成体とゲノムと統合力との間で行われておるんじゃ。すなわち、成体は車そのもの、ゲノムは設計図、そして、車の部品に相当するのが、ゲノムを構成しておるいくつもの遺伝子によって作られるタンパク質ということになる。車を車たらしめておるものが、人間の抱く車としてのイメージにあり、そのイメージによって車の設計図が作り上げられるのと同じように、成体を作り上げる設計図としてのゲノムを作り上げておるのは、そのゲノムの内に秘められた統合力じゃ。その統合力は、人間の抱くイメージが、車と飛行機で異なっておるように、種によって異なっておるんじゃが、その統合力が新たに誕生する時、統合力は、数多くの遺伝子を組み合わせてそれぞれの統合力に見合ったゲノムを作り上げる。そのゲノムによってさまざまなタンパク質が作られ、種としての特徴を持った成体が形作られてくることになるんじゃ。そして、そうした同じゲノムをもつ細胞を細胞分裂させながら、成体を作り上げていくのを制御しておるのも、ゲノムを形作っておるのと同じ統合力なんじゃ。

私　ということは、種によって統合力そのものが違っているということね。何かを作ろうとして人間の抱くイメージが、車と飛行機で異なっているように、それぞれの種を形づくる統合力は、種によって異なっているということね。それと、種に特徴的な形態も、統合力そのものが人間のイメージするものと同じように、すでに形態を内に秘めているということになるのでしょうか？

ジー　その通りじゃ。統合力というのは目に見えないものじゃが、それは、人間のイメージと同じように、それがもとになって、目に見える世界に特徴的な形を生み出してくるのじゃ。要するに、人間の抱くイメージと、そのイメージによって作り出されるものの形態が一対一に対応しておるように、統合力と生み出されてくるものの形態との間にも一対一の対応があるということじゃ。

私　ジーの車と人間の抱くイメージとの係わりの比喩で、統合力とゲノム、統合力と成体との係わりはなんとなくわかってきたけど、でも、一つの統合力がはたして何千、何万ともいえる遺伝子をまるで人間がいくつもの部品を組み合わせて車を作るようにまとめ上げてゲノムを作り出すことなどできるものなのでしょうか？　そんな力を統合力はもっているのでしょうか？

（二）

ジー　そうじゃな。その辺のところは、生命そのものの本質と係わってくるものじゃから、説明するのがちょっと難しいのじゃが、お前さんのその質問にできるだけ論理的にこたえるために、お前さんの質問を少し分解して考えていくことにしよう。

お前さんの今の質問は、大きく二つの要素に分かれておる。一つは、一つの統合力が、何千、何万ともいえる遺伝子をだんだんとまとめ上げることが可能なのかという時間と係わった営みじゃ。もう一つは、統合力そのものに、何千、何万ともいえる遺伝子を秩序立てて組み合わせることなどどのようにして可能なのかという秩序と係わった問題じゃ。

そこで、まず初めに時間と係わった営みに関して考えてみることにしよう。統合力は、人間のイメージと同じように、生まれた時に全体で一つの世界をすでに生み出しておるんじゃが、生命の本質として、時間と空間とを超えた世界に誕生した統合力は、その統合力を具体的に目で見ることのできる形として表現するためには、どうしても時間と空間の支配する世界が必要なのじゃということじゃ。その時間と空間の支配する世界で、統合力は遺伝子を少しずつまとめ上げて種に特有なゲノムを作り上げていくんじゃ。

私　ジー、ちょっと待って。目に見えない統合力を具体的に目に見える形で表現するためには、時間と空間とが支配する世界が必要ということは、物質と係わらざるを得ないということなんですね。

ジー　そうじゃ。目に見えないものを目に見える形で表現するためには、その方法はどうであれ、必ず物質と係わらざるをえなくなる。だから時間と空間とによって必ず規定されてしまうんじゃ。われわれがあるイメージを心の中に抱いたとする。そうじゃな、たとえば、ある美しい花をイメージしたとして、そのイメージは自分の心の中には全体として一つのイメージとして存在しておるじゃろう。でもな、そのイメージを他の人にも見てもらえるようにするためには、どうしても、それを見える世界に表現しなくてはならない。その表現する世界はすでに時間と空間とによって規定されておる。だから、そのイメージを表現しようとすると、言葉によってでも、絵によってでも、あるいは模型のようなものであってもいいんじゃが、少しずつ部分が表現され、やがて全体が表現されてくるというふうに、時間と空間とが必ず係わってきおる。それこそが生命の本質なんじゃ。

私　なーるほど。イメージの世界は時間と空間とを超越しているから、一瞬のうちにイメージは生まれてくるけれど、そのイメージを具体的に見える形に表現するためには、どうしても時間と空間とが支配する世界での表現になってしまうということね。

ジー　そうじゃ。要するに、イメージのような統合されたものは、心の内、すなわち目に見えない世界においては一瞬のうちに浮かび上がらせることができるんじゃが、それを目に見える世界に表現しようとすると、どうしても時間と空間とによって規定されてしまうんじゃ。だから、お前さんもそう思ったように、一つの統合力がはたして何千、何万ともいえる遺伝子からなるゲノムをまるで人間が部品を組み立てるように時間をかけて作り出すことなどできるのだろうかという疑問が当然生まれてくるんじゃ。でもな、それは、生物の普通の生活の中で、当たり前に見かけておることなんじゃ。

私　それは具体的にどのようなことですか？

ジー　たとえば、ライオンが獲物を見つけたとするじゃろう。そのライオンの内的世界には、すでにその獲物をとらえた一つのイメージが描かれておる。そのイメージを具現化するためには、獲物に見つからないようにそっと近づいていき、間髪を入れずに襲いかかる。そこには、時間と空間とによって規定された世界に展開する複雑に見えるライオンの動きがあるじゃろう。獲物を見た瞬間、時間と空間の支配しない内的世界には、すでに獲物を捕らえているイメージが一瞬のうちに出来上がっておるんじゃが、そのイメージを具体的な形として表現するためには、どうしても時間と空間とが支配する世界において、時間と空間に係わって表現していくほかないのじゃ。それをもう少し哲学的に表現すると、生命の世界、心の世界においては、時間と空間とを超越しておるから、今の今しかないのじゃが、その今の今のものを具体的に見える世界に表現していくためには必ず時間と空間の束縛を受けざるをえなくなる。だから、見える世界では過去、現在、未来というのが存在してきおるんじゃ。

私　なーるほど、今の今しかない時間と空間を超えた世界の存在と、見える世界から生まれてきている過去、現在、未来という時間感覚とが表裏一体となっているということなのですね。

ジー　そういうことじゃ。要するに、時間と空間を超えた世界に生まれた統合力は、誕生した時にすでに全体で一つの世界を生み出しておるんじゃが、それを目に見える世界に具現化するためには、どうしても時間と空間の支配する世界が必要ということじゃ。だから、ある生物種の統合力が生まれた時、統合力自体は一瞬のうちに出来上がっておるんじゃが、それを見える世界に具現化していくためのものとしてゲノムが必然的に形作られ、そのゲノムをもつ細胞が細胞分裂することによって、次第に成体が作られ、きちんとした生物として完成されてきておるのじゃ。

私　なるほど。時間と空間の支配しない目に見えない世界では全体で一つのものが、目に見える世界に表現されるためには、時間と空間とに係わることが本質的に不可欠ということなのね。そうか、だから、私たちが、文章を書く時にしても、その文章を書く前には、すでに全体のイメージが浮かんでいて、そのイメージを表現するために、一つ一つの言葉が選ばれ表現されていくのね。もちろん、何かを表現しながら、新たなイメージが湧いてきて、もともと抱いていたイメージとは違ったものになってしまうことは日常茶飯のことですが、でも、そうであっても、イメージは、生まれた時に全体を一つのものとしていて、それを言葉一つ一つで表現していくことには変わりはないですよね。そこには、見えない世界にあるイメージと、そのイメージを表現するための言葉の並び、それはすでに時間と空間の支配する世界にあるもの、この二つのものが表裏一体となった係わりになっているということなのね。

ジー　その通りじゃ。

私　ただ、その統合力が誕生するとその統合力に見合ったゲノムが必然的に形作られてくるというところには、なんだか飛躍があるように思えるのですが。統合力に、そんな何千、何万ともいえる遺伝子を秩序立てて結びつける力などあるのでしょうか？

（三）

ジー　それが先にお前さんの言った質問の第二の問題じゃな。統合力が誕生すると、その統合力に見合ったゲノムが必然的に形作られてくるというところには、確かにお前さんが感じるように飛躍があるように思えるかもしれん。それは、生命の本質的なところを理解しておらないから、摩訶不思議に思えるのじゃ。でもな、自然というか、生命の営みは、ひょっとすると、人間の物づくりよりも簡単な営みなのかもしれんのじゃ。

私　え、それってどういうことですか？　遺伝子ができたり、ゲノムが形作られたり、そして、さまざまな生物ができあがってくることが、人間の物づくりよりも簡単な営みだとおっしゃるんですか？

ジー　そうじゃ。生命の本質がわかってくると、そういうことになってくる。

私　その生命の本質とは、いったいどういうことなんですか？

ジー　それはじゃな、すべてのものに心があるということじゃ。お前さんにもっとも親しみのある光、その光にも心があるということじゃ。すべてのものに心が宿っておる。そのことがわかってくると、生命の営みがいかに統制のとれた、そしてなんと簡単な営みであるかがわかってきおる。

私　えー？　光にも心がある。それは、ジーの作り話ではないですか。光に心があるなどということはとても信じられることではないですし、光に心があるということ自体がどういうことなのか、つかみどころがないように思えるのですが。

ジー　ま、普通、人はそう思うじゃろうな。光にも心があるなどと言ったら、普通の人からも怪訝な顔をされるし、ましてや科学の世界でそんなことを言ったら、科学者たちから相手にされなくなってしまうじゃろうな。でもな、お前さんは、光の専門家だから、光のことは詳しいと思うけど、光が波的な振る舞いと粒子的な振る舞いをするというのをどう思う。物理の世界では、それを光の二重性だとして、そういうものだとして納得しておるようじゃが、わしには、どうもそれが納得できないのじゃが。

私　光の世界では、光は電磁波の一種として扱われ、波としての性質をもっています。私たちがTVを見たり、スマートフォンを使ったりしていますが、それらは皆電波という波に負っています。何メガヘルツで放送していますというように、TVやラジオの番組では、時としてそれらのチャンネルが使っている電波の周波数を情報として流すことがありますが、あれは、電波が波であるからそういう値が大切になってくるのです。光も電磁波の一つですから、周波数や波長というのが一つの重要な情報になってきます。ところが、その波としての光を追究していきますと、最終的には粒子的な振る舞いになってきます。

ジー　そうじゃよな。その光が波であるというのは、お前さんが今電波ということと係わって説明してくれたので、日常的に親しんでおるものとして具体的にわかるんじゃが、光が粒子であるというのは具体的にはどういうことじゃ。

私　光の粒子性は、アインシュタインによって発見されたのですが、光がある物質に入ると光のエネルギーをその物質がもらって電子が活性化され、物質内を電子が自由に動けるようになります。そのことによって電流が流れるのですが、あの太陽光発電に使われている物質は、光と電子との係わりを使ったものです。光が一つその物質に入ると、それに呼応して、その物質の中で一つの電子が動き始めます。すなわち、光一つの入射に対して、一つの電子が活性化されるという、光のもつエネルギーが電気のエネルギーに変換されるいわゆる光電変換が起こります。ですから、太陽の光が電子の流れ、すなわち電流へと変換されることになります。この時には、光は一つの粒子として扱われますから、光子と呼ばれる粒子になっています。すなわち、光は、波であると同時に粒子でもあるのです。

ジー　その光の波と粒子の二重性を専門家たちはいったいどのように考えておるんじゃ。

私　光にこの二つの性質があることは、もう百年以上もの間、物理学の世界では大きな問題として議論されてきました。そして、物理学者の間では、一週間のうち始めの三日は波として、後の三日は粒子として光を扱うということが冗談まじりに語られてきました。この二つの性質を専門家の間では、光は粒子であるが、その存在確率を表現しているのが波の性質であると表現することもあります。

ジー　なに、確率じゃと。そのことを何か具体的に示したものはないじゃろか？

（四）

私　光の二重性を示す一つの有名な実験に次のようなものがあります。光源からある距離をおいて、二つの穴の開けられた障壁を置き、その後ろ側に少し離してスクリーンを置きます。そうすると、スクリーン上には二つの穴から出た光が到達しますが、その二つの穴から出てきた光の干渉によって干渉縞が作られます。それは濃淡の縞模様となって現れてきますが、この干渉縞ができるというのが光が波であることを物語っています。

ジー　そうじゃな、干渉というのは波の一つの性質じゃからな。それはわかる。

私　その干渉縞の中で、明るいところは、それだけ光子の到達する確率が高いということを示していて、暗い所はその確率が低いことを示しています。このように、波としての性質は、光子の存在確率を表すものだと解釈されています。

この性質は、光だけではなく、電子や中性子などに共通に当てはまる性質なのです。ですから、先ほどの実験で、光源を電子を発する電子銃に置き換えて、電子銃から、電子一つ一つを障壁に

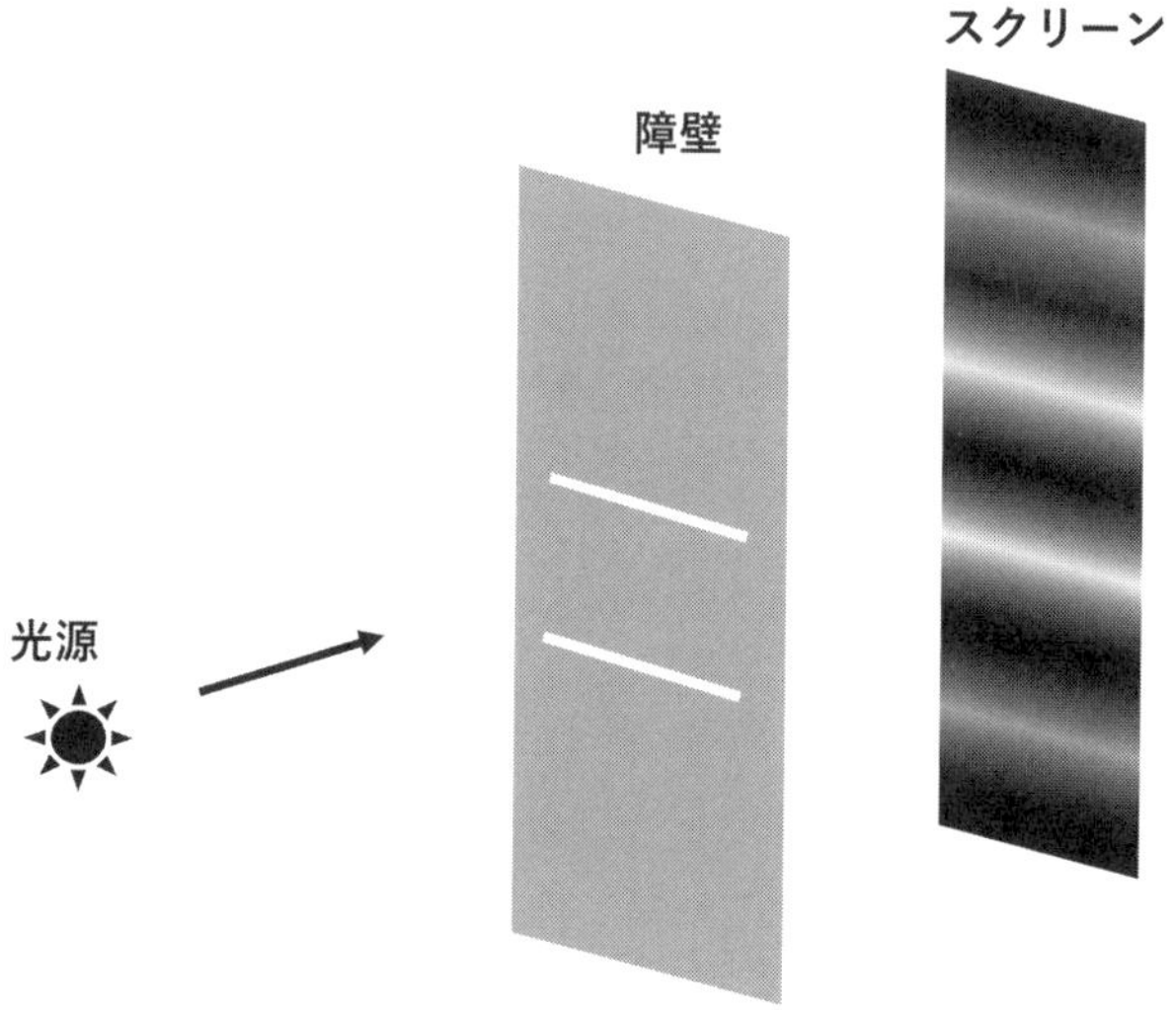

光の干渉
障壁に開けられた二つのスリットを通った光はスクリーン上に干渉縞模様を描く。

向けて放出しますと、一つ一つの電子は障壁にある穴を通って、スクリーン上に到達します。個々の電子はスクリーン上の任意の一点に、それぞれがランダムに到達しているように見えるのですが、その到達した一つ一つの電子の位置を記憶しておきますと、電子全体によって作り上げられるスクリーン上のパターンは、先の光とまったく同じ干渉縞となってくるのです。すなわち、電子一つ一つは粒子としての存在を示していますが、その電子一つ一つのふるまいを全体でとらえると波としての性質が浮かび上がってきて、その波の特性は、電子の存在確率を表していることになります。このように、光や電子には、波と粒子との性質があって、波としての性質は、粒子の存在確率として考えられています。

ジー　でも、物のふるまいを記述する物理学において、確率などというあいまいというか、確定的でない表現で物理学としての面目は保たれるのじゃろうか？

私　確率も一つの現象として受け入れれば、それでいいのではないでしょうか。でも、この解釈には、アインシュタインは最後まで疑問符を投げかけていました。というのは、アインシュタインもジーが感じたように、物理の世界を確率で表現することに抵抗を感じていたからです。物理的な世界では、すべてが確定していないとおかしい、確率で表現されるような物理現象はあり得ないと考えていたからです。そして、「神は宇宙相手にサイコロ遊びはしない」という有名な言葉を残しています。でも、アインシュタインは、光の二重性に関して、確率としての解釈以外に代替の考えを提示することはできませんでした。そして、光の波としての性質は、光の存在確率を表しているという解釈が今では正しいこととして量子力学の世界では受け入れられています。

ジー　それに関して、お前さんはどんな考えをもっとるのじゃ。それでいいと思っておるのかな。

私　私としては、その解釈以外ないように思われます。その解釈によって、たとえばＴＶやスマートフォンのような光を用いたさまざまな技術が開発されてきていますし、光ファイバー通信にしても、光のもつ確率的なふるまいを基にして信号の誤り率などが計算され、中継間隔やその他のシステム設計が行われています。その解釈を基にして開発された技術が、実社会の中で実用に供されているのですから、その解釈が正しいと考えるのが私は正しいと思います。

ジー　そうじゃな。科学は現象を分析することに終始し、技術は、そうした科学による分析結果を踏まえて、新たなものを作り出してきておるのじゃから、それはそれで正しい結果が生まれてくるじゃろう。お前さんが言うように、そうした科学の研究結果を基にしてさまざまな実用技術が生まれてきておるのじゃから。でもな、生命の進化を議論する上では、それでは本質をとらえることはできないのじゃ。

私　それはどうしてですか？

ジー　それはじゃな、これまで何度か語ってきたように、生命は科学が探究しておる目に見える世界にはないからじゃ。だから、生命のことを考えるためには、どうしても、現象を生み出しておる根源的なものを考えていかなければならないのじゃ。光の二重性に関しても、確かに現象を分析しておる科学の世界では、光の波としての性質は、粒子としての光の存在確率という解釈でいいのじゃろうが、生命のことを考える時には、それでは本質的なことをいつまでたってもとらえることはできないのじゃ。

私　じゃ、ジーは、光の二重性に関して、これまで私が説明したような物理学がたどりついた解釈以外に何か他の真理があるとでもおっしゃるのですか？

ジー　そうじゃ。科学が明らかにしてきた光の性質は、確かに正しい。でもそれは、科学者がとらえた現象の世界での正しさであって、光すべてから見たら正しくないのじゃ。むしろアインシュタインが最後まで何か他のことを考えておったようじゃが、そのほうが正しい方向なんじゃ。見える世界は、生命の営みの結果であって、それを生み出しておるものをしっかりと見ていかなければ本当の世界は見えてはこない。光の二重性に話を戻すと、光にも心があることがわからなければ、いつまでたっても二重性ということからは抜け出せないし、確率論的な解釈しかできないんじゃよ。

私　じゃ、光に心があるというのはいったいどういうことなんですか？

（五）

ジー　そう、光にも心がある。それは、光の内にも心の世界があるということじゃ。科学者は、目に見える光の振る舞いばかりを追い求めておる。二つの穴の開けられた障壁を通過した光は干渉縞を作るとか、光が物質に作用すると電気が流れるとか、そうした現象のことだけに目が行ってしまって、光そのものの内を見ようとはしないのじゃ。光にも人間と同じように内的世界、すなわち心があるんじゃ。いいかな、そのことをお前さんにわかってもらうために、人間のことについて少し考えてみよう。日本で一番人の出入りの多い駅はどこじゃろうか？

私　さー、ちょっとわからないけれど、東京駅、それとも新宿駅かな。

ジー　じゃ、東京駅にしようか。あの東京駅の前に丸の内ビルがあるじゃろ。あの最上階に上って、そこで東京駅の中央出口でもいいし、北口でもいい、どこか一点に焦点を当ててデジカメでずっと露光状態にしているとしよう。その状態でカメラを据えておくと、カメラには、人の動きに従って、線が描かれてくるじゃろ。人が多く歩く道には、人の線が太く描かれてくるし、あまり人の行かない方向には細い線が描かれてくる。その線の太さ細さは、人間の行動の確率的な現れじゃろ。ある方向に行こうとする人の確率が高いところほど線の太さは太く濃くなってくるし、その反対に確率が低い方向では線は細く薄いままじゃ。そこには、人間の意思の確率が表現された線が描かれてくることになる。そうじゃな。

私　はい、それはその通りですが、それが光とどう係わるのですか？

ジー　人一人を光の粒子に対応させたらどうじゃ。肉体があって、人間一人が一つの粒子と同じように、個々に分けられるじゃろう。その人間一人ひとりが、心を持っておって、その意思の現れが、線の太さになって現れてきておるというのはわかるじゃろ。

私　はい、それはわかります。

ジー　それでじゃ、丸ビルから見ているカメラの目は、科学者の目なんじゃ。科学者は、光を外から眺めておる。その光に心があるなどと考えてもみない。それは、カメラが人の心をのぞけないのと同じじゃ。そのカメラがとらえるものは、一人の個としての人間と、その個がたくさん集まって描きだす線の太さじゃ。人を外からしか見ていないと、人の存在も、個とその個がたくさん集まって描き出す行動確率としての線の太さとしてしか見えてはこない。それは、光を外から眺めておる科学者がとらえる光の粒子と波としての性質とまったく同じじゃろ。

私　そうか……、そう言われてみると、そうですね。

ジー　人を外からだけでしかとらえていないと、今駅から出た人がどこに行くのかは、確率的にしかとらえられないが、その確率でしかとらえられない個人の動きは、本人の心から見れば、どこに行くのかはすでに確定しておるということじゃ。そこには、さっき言った心に描いたイメージと、それを表現するための目に見える世界との係わりがある。すなわち、ある一人の人が、駅を出てくる時、その人が内に抱いておるイメージは、すでにどこに行くのか確定されたものなんじゃが、その確定された意思をその通り完結させるためには、目に見える世界には行動として表現されてくることになる。それをとらえたのがカメラの目じゃ。

私　なーるほど、それはわかりやすいわ。科学者の目がカメラの目というのは、なんだかわかるような気がしてきたわ。そして、その人間行動と光のふるまいとが基本的には同じということね。

ジー　そうじゃ。光もまったく同じじゃ。光にも心があるけれど、科学者にはそれがわからない。だから、外から光の性質をとらえるしかない。その外からとらえた光の性質が、粒子と波ということになって、波は、光の存在確率ということになってしまうのじゃ。それは、人間の行動をとらえたカメラの目と同じで、カメラがとらえた人間は、個としての粒子と、線の太さで示された人間行動の確率じゃ。それは、人間を心のないものとして外からとらえたものじゃ。でも、人間には心がちゃんとある。そのことがわかるのは、皆人間だからじゃ。ところが、光に対しては、その光の気持にはなれないから、光に心があるなどということはわからない。わからないというよりも、科学者は、そうした光であるとか電子であるとか、原子といったものには、心など存在しないと始めから思い込んでしまっておるんじゃ。だから、カメラがとらえた人間と同じような世界を作り上げてしまうのじゃ。

私　それはわかるような気がする。

（六）

ジー　光にも心がある。そして、光の波としての性質は、実は、光の心の現れだったのじゃ。だから、一つ一つの光にしてみれば、行き先は決まっておる。現象の世界では確率的に見えるものが、内的世界においては確定しておる。その確定こそ、アインシュタインが無意識ながら抱いておった直観的なものではなかったじゃろうか。アインシュタインが、確率的にとらえられた世界は、実際の世界を正しくとらえきれてはいない、必ず確定しているのが物理的世界であると言い続けておったのは、その辺のことと係わっておるのではないかとジーは思うがな。どうじゃろか。

私　ふーむ。それは、理屈ではわかるような気がするけど、でも光にも心があるなんてまだ信じられない。心があるというか、意志的なものがあるのは、少なくとも生命体といわれるものになってからだと思うんだけれど。アメーバとかゾウリムシだとか、そうした単細胞生物には、意志的なもの、内面的なものがあるのかもしれないと思えるけど、光や電子や原子に心があるなどということは、なかなか信じることはできないのではないでしょうか。

ジー　そうじゃろな。光にも心があるということは信じられないかもしれんのう。でも、そうだとしたら、アメーバやゾウリムシの内面はいったいいつから入り込むことになったんじゃ。もともと内面のなかったものが、ある時から突然内面が生まれてくるということがはたして理屈で考えられるじゃろうか。もともと内的世界があって、それと連動して物質世界もあると考えるほうが、論理的というか、自然な流れのような気がするんじゃが、どうじゃろか。

私　ふーむ、そう言われてみればそういうことになるけど……。では、ジーのその光にも心があるという考えを基本にして、さっき言った光の干渉実験で、科学者や哲学者を悩ませ続けてきているもう一つの問題があるのですが、それも解決することができるのでしょうか？

ジー　その問題とはどんなことじゃ？

私　さっきの干渉の実験で、光源から放たれた一つ一つの光子は、二つの穴のあいた障壁を通ってスクリーン上に到達し、干渉縞を作り出しますが、実は、一つ一つの光子が二つの穴のどちらを通ってスクリーンに到達したのかは、まったくわからないのです。多くの研究者が、二つの穴のどちらを通って進んだのかをとらえようとして、さまざまな測定を試みたのですが、どれもこれもそのルートを特定することはできなかったのです。そして、ノーベル物理学賞を受賞した物理学者ファインマンがそのルートを理論的に計算したところ、光源から、スクリーンに到達するまでの光のルートは無限の空間に広がっているという結果が得られてきたのです。すなわち、光源から到達点まで、光はこの宇宙空間のどの点をも取りえているということなのです。だから、科学者は、光は計測された時存在していて、計測されない時には宇宙空間すべてに広がってしまっていて、ある特定な所には存在していないと考える人も出てきたのです。それに対して、アインシュタインは、われわれが月を見ていない時には、月は存在していないのかという疑問を投げかけているのです。

ジー　そうじゃろう。そこなんじゃ。重要なことが、そこに込められておる。そこに生命の本質がすでに表現されておるんじゃ。

私　えー、それってどういうことでしょうか?

ジー　いいかな、光が測定された時、それは時間と空間に限定された世界でとらえられたということじゃ。それは物と係わった世界、目に見える世界じゃ。ところが測定されない時、それは、心と係わった世界、すなわち、時間と空間を超えた世界にあるということじゃ。われわれ人間は、自分の心を意識しておるから、その心が現象の世界、すなわち四次元の世界でとらえられているような錯覚をしておる。でもよく考えてみておくれ。心は、決して時間と空間とによって規定された世界でとらえられるものではないじゃろう。たとえそれが小さな生物の心であったとしても、その心は決して時間と空間の支配する、すなわち目に見える現象の世界でとらえられるものではない。その心の世界は、時間と空間を超えた世界なんじゃ。だから、われわれのこの心も、小さな生物の心も、そして素粒子の内的世界も無限の時空間に広がっておるということじゃ。

私　それは、前に二つの時空間の話を聞いたときに理解したことですが、目に見える世界は時計や物差しで計ることのできる四次元の世界。それに対して、心の世界、感じる世界は時計や物差しで測ることのできない、時間と空間とを超えた世界でしたよね。

ジー　その通りじゃ。光にも心があるというのは、光もその二つの世界と係わっておるということじゃ。よいかな、ここでジーがきわめて大切なことを話すからよく耳を傾けるんじゃ。それは、科学者が陥ってしまっている錯覚じゃが、光の波としての特性は、お前さんが説明してくれたように、二つの穴のあいた障壁を通り抜けた光が干渉縞を生み出すということで示されておった。その干渉縞は、光子の集まりじゃったろう。すなわち、波としての性質は、たくさんの光子が集まって作り上げたパターンじゃ。ということは、干渉縞が示しておる波としての性質は、一つ一つの光子の内に共通に秘められた内的世界の現われであって、その内的世界そのものは時間と空間とを超えた世界にあるということじゃ。それは、カメラがとらえた人間行動の軌跡が、人間の内に抱いた意思の現われだったことと同じことじゃ。

要するに、科学者がとらえた波としての性質は、たくさんの光子によって作られた波としてのパターンであって、そのパターンを生み出しておる源は、光子の内に秘められた内的世界、すなわち光のもつ統合力にあるということじゃ。その内的世界が現象界に表出された姿を描いておるのが数式なんじゃ。だからその数式の描く世界は、時間と空間を超えた世界を記述しておることになり、ファインマンが解析したように無限の空間を取り得る結果になってくるんじゃ。光のもつ二重性は、まさに生命の表と裏、物と心が二にして一なる存在であることを示しておるのじゃ。

（七）

私　なーるほど。そうか、それでわかったわ。ジーのその一言で、私がいつも疑問に思っていた「状態の収縮」の意味が今はっきりとわかったわ。

ジー　なんじゃ、その「状態の収縮」というのは。

私　量子力学の世界では、光子のふるまいは、シュレーディンガー方程式によって与えられているのですが、そのシュレーディンガー方程式の解が意味しているものは、先の二つの波の干渉縞で表現しますと、一つ一つの光子が取り得るすべての状態、すなわち干渉縞を形づくるすべての点を示していることになります。でも、実際には一つの光子はスクリーン上の確定された一点に到達します。シュレーディンガー方程式で示されたあらゆる可能な状態の中から、実際には一つの光子は一つの状態だけをとることになります。このあらゆる可能性を抱いた光子が、計測された時には、一つの確定した状態をとることを「状態の収縮」といっています。

ジー　じゃろう。光を波として数学的に解くということは、その解析そのものの前提がすでに心の世界にあると言ったのはそういうことじゃ。そして、その心の世界は、光なら光の取り得るあらゆる可能性を秘めておるんじゃ。それは、先に車のイメージを例にとって話したように、車としてのイメージの中には、いくつもの部品と係わるすべての情報が秘められておるが、一つ一つの部品ということになると、それは目に見える世界でただ一つのものとして存在していることになる。それと同じことなんじゃ。

私　そうなのね、シュレーディンガー方程式の示しているのは、光の内に秘められた内的世界の性質であり、そこには、光の取りうるあらゆる状態が秘められている。そして、一つ一つの光子は、そのあらゆる状態を等しく内に抱いてはいるけれど、計測されるときには、シュレーディンガー方程式で記述される内的世界の中から、一つの確定した状態を取っているということなのね。すなわち、ジーが言うように、シュレーディンガー方程式は、光の抱く内的世界を表現しているのに対して、一つの光子をスクリーン上でとらえた時には、時空の支配する四次元の世界の一点に確定するということだったのね。

ジー　シュレーディンガー方程式というのは、ジーにはよくわからんのじゃが、多分お前さんの言う通りじゃろう。

私　ジーに言われるまで、波の性質が四次元の世界にあるのだと思い込んでいたのですが、波としてとらえているものは、光子の内に秘められた内的世界の現われだったのですね。だからその内的世界を記述したファインマンの結果は、時間と空間とを超えたもの、すなわち、あらゆる空間をとりうる結果になってきてしまうのですね。そのジーの説明、ファインマンにしても、アインシュタインにしても、きっと納得してくれるに違いありません。だって、この私自身、光の世界に入ったばかりの新米研究者で、光の二重性とはそういうものだと思い込んでいたのですが、これまでのジーの説明で、なんだか目からうろこが落ちたような思いがしてきましたもの。でも、どうしてこれまで科学者はそうしたことを考えなかったんでしょうか。

ジー　一つは、物の動きと心との係わりじゃ。物質的なものは、とにかく目でとらえることができる。たとえ肉眼では見えないものであっても、顕微鏡や望遠鏡を使うことで目でとらえることができる。でも、心の世界は直接目で見ることはできない。それは、目に見えるものの動きとしてとらえられるだけじゃ。だから、アメーバやゾウリムシの動きのように、簡単な式で表すことのできないような動きを示すものに対しては、それらには心があると推測できる。ところがじゃ、同じように原子も分子も動き回るんじゃが、もちろん光にしてもそうじゃが、その動きが、アメーバやゾウリムシのように複雑ではなく、物理法則として簡単な式で記述できてしまう。だから、そうしたものの動きは、内面から生まれてきておるのではなく、物理的な力によって生み出されているものと思ってしまうのじゃ。

私　そうか、物理の世界では、物質の振る舞いが数式で表されることで、暗黙のうちに、内的世界の存在を無視してしまっているのですね。現象を数式で記述できることが、もはや内的世界の存在を考えなくさせてしまっているということですね。

ジー　そういうことじゃ。さっき、東京駅から出てくる人間の行動をデジカメでとらえたじゃろう。そのデジカメがとらえた軌跡は、簡単な式では表せない。だから、そこには、生命体としての心の存在を感じることができる。でも、それが光だとどうじゃ。干渉縞のパターンにしても、それは数式で記述できてしまう。だから、光のそうした動きは、単なる物理現象としてとらえられてしまい、光に心があるなどとは考えてもみないのじゃ。それと、先に言ったように、科学者のほとんどが、意識を目に見える世界だけに集中させ、見える世界に展開するものに対して強く探求心を抱いてきたことも、科学者に内的世界の存在を見えにくくさせている大きな要因なんじゃ。

私　そうなのね。私たちは子供のころから、目に見える世界の中で好奇心を膨らませてきていて、そうしたものが科学と係わってきているのですよね。

ジー　そうじゃ。夜空の星々は、いったい何なのじゃろうか？　太陽と地球と月との関係はいったいどうなっておるのじゃろうか？　雷はいったいどうして起こるのじゃろうか？　雨はどこから降ってくるのじゃろうか？　そうした疑問は、すべて目に見える世界から生まれてきた。だから、目に見える世界での疑問は、次々に明らかにされてきた。そして、目に見える世界を分析した方法が、現実的で、客観的であるといわれ、客観的にとらえられた結果こそが真理を語っており、科学的なのだと考えられてきたのじゃ。だから、客観性のないもの、すなわち、主観的なものは、科学ではないとして排斥されてきてしまったのじゃ。光にも心があると思っても、それを証明することはなかなかできない。だから、それは主観的なことだとして黙殺されてきてしまったのじゃ。そして、いつの間にか、科学とは、客観性を有するもの、科学とは見える世界に展開するものを正しくとらえるものという暗黙の同意ができてきてしまった。そして、科学こそが真実をとらえることのできる絶対的なものだという偏見を作り上げてしまったのじゃ。

私　なるほど。そういわれてみればそうね。私自身もいつの間にか科学絶対のような世界を作り上げてきていたように思います。でも、ジーが言うように、この世の中は、目に見えるものだけではなく、これまで話してきたように、目に見えないものも確かに存在していて、それは科学ではとらえることのできないものなのですよね。

（八）

ジー　それとじゃ、人間は、自分の内面のことを考えるよりも、目に見える世界のことを考えるほうが楽なんじゃ。見えるから具体的にとらえることができる。見えるから、それに手を加えることができる。そうすると、その手を加えた結果として新たな現象が生まれてくるが、それも見える世界での出来事じゃ。ダーウィンのやっておった飼育生物や栽培植物の品種改良は、まさにそうした見える世界を相手にしたものだったのじゃ。見える世界で、見えるものを相手に考えたほうが容易じゃからな。

私　そうね。私たちは、生まれてからこの方、存在しているものは見えるものという錯覚というか、思い込みに陥ってしまっていますよね。そして、見える現象に関しては、原因と結果とをはっきりととらえることができますから、どうしても見える世界だけでものを考えてきてしまったのですね。

ジー　こと左様にじゃ、科学者は光を外からでしか見ていないから、光を曖昧な二重性であるとか、存在確率であるとかいったもので表現せざるを得なくなってしまったのじゃ。でも、光を内側から見てあげると、外から見ていた二重性の意味が、確率という曖昧なものではなく、確定したものとして見えてくる。要するに光にも心があるとして考えていくと、その光の振る舞いが、外から見ていた時とは違ってきわめてリアルなものとして見えてくる。同じことが、生物の進化、人間の誕生に関しても言えるんじゃ。

私　なーるほど。ジーの言っていることがだんだんわかってきたわ。そうね、光にも、電子にも、だから素粒子と言われているこの世の物質の源のものにも内的世界があるということね。で、その光にも心があることが、なぜ、さっきの話で、生命の営みが、人間の物づくりよりも簡単な営みになってくるのですか？

ジー　それはじゃな、すべてのものに内的世界が存在しておることで、あらゆるものに自律的な営みを生み出しておるからじゃ。この宇宙が誕生して、物質の源が生まれた時、そうしたものにはすでに心というか、内的世界が込められておったことはわかってもらえたと思うのじゃが、その内的世界は、人間の共通感覚と同じように、全体を一つにまとめ上げる統合する力が秘められておる。光には光の統合力があり、電子には電子の統合力が秘められておる。そうした統合力のあるお蔭で、新たな統合力が生まれると、その新たな統合力のもとで、すでにあった物質が自律的に結合して、新たな統合力に見合った物質を作り上げておるのじゃ。

私　自律的にですか。

ジー　そうじゃ。たとえば、ＤＮＡにしても、ＤＮＡの統合力が誕生した時に、その統合力のもとで、もともと存在しておった原子や分子が自律的に結合してＤＮＡが生まれてきた。そうしたＤＮＡも内に統合力を秘めておるから、次に新たな遺伝子としての統合力が生まれてくると、ＤＮＡがその統合力の下で自律的に結び付き、遺伝子を形作ってきた。そうして、色々な遺伝子が形作られた後、生命体としての新たな統合力が誕生すると、そうした遺伝子が自律的に結合して新たな生命体のゲノムが形作られてくることになった。要するに、生命の営みは、統合力の進化に負っていて、新たな統合力が誕生すると、既存のものが、その統合力のもとで、あたかも部品のような存在になって、自律的に新たなものを作り上げることになったのじゃ。

私　それって、さっきのイメージの鋳型ではないですが、統合力そのものが、鋳型のような働きをしていて、その鋳型の中に、既存のものが流し込まれていくと、自然に鋳型の形が出来上がってくるようなものですね。

ジー　ま、そういうイメージでもいいかもしれん。それに対して、人間の物作りの営みは、あるイメージが生まれたとしても、そして、そのイメージに合ったものを作り上げるための部品が作られたとしても、そうした一つ一つの部品の内に生命としての統合力は秘められてはおらないから、そのイメージを具現化させるためには、それらの部品を一つ一つ人間自らが組み立てて行かなければならないじゃろう。でも、生命の営みでは、一つ一つの部品としてのもののうちに、すでに統合力が秘められておるために、新たな統合力が誕生すると、その統合力のもとで自律的にそうした既存のものが結合して、統合力に見合ったものが生み出されてくることになるんじゃ。

私　なーるほど、ジーの言っていることがだんだんとわかってきたような気がします。

ジー　そしてじゃ、そうした生命の営みを外を見る目がとらえると、すなわち時間と空間の支配する現象の世界をもっぱら分析している科学者の目でとらえると、自律的にある物質や生命体が生まれてくるということで、科学はそうした生命体のもつ力を自己組織力とか、自己複製力と表現しておるんじゃ。そして、そうした言葉を用いることで、すべてが解決できたような気になってしまうんじゃ。生命体に、そうした自己組織力や自己複製力が見られるのは、すべてのものの内に、統合力が貫かれておるからなんじゃ。要するに、一つ一つの部品としての生命体の内に秘められた統合力が、生命の見えざる手として働いておるということじゃ。

（九）

私　なーるほど、そうなのね。私たちが何かモノを作るとき、私たちは、そのモノを作るための部品一つ一つを自分のイメージと係わらせながら組み立てていきますよね。それは、見えない心の世界にある私のイメージが、見える世界にモノを作り出していくという、さっきジーが言ったこと、すなわち、見えるものは見えないものによって作られているということなのですが、その見えないものが見えるものを作り出している時、私たちの手の動きが、見えるものと見えないものとの橋渡しをしていることになるから、見えないものが何かを作り出しているというのが、はっきりと理解できますよね。でも、見える手のない生命の営みが、それと同じようなことをしているというのが、何ともすんなりと心に落ちてはこなかったのですが、統合力の存在が生命の見えざる手として働いていると考えてみると、生命の営みがよくわかってきます。

ジー　そうじゃろう。むしろ、生命の営みの方が、人間の創造活動よりも簡単なんじゃ。一つ一つの素材の内に、すでに統合力が秘められておるんじゃから、新たな統合力が誕生すると、お前さんが先に譬えてくれた指揮者とオーケストラの演奏との係わりのように、新たな統合力のもとで、既存のものが自律的に組織化して新たなものを生み出すことになるんじゃ。新たな生物を生み出す統合力が誕生すると、その統合力は、既存の生命体の細胞に働きかけ、その細胞の中で、新たなゲノムを形作ることになる。新たなゲノムを抱いた細胞は、新たな統合力のもとで細胞分裂を繰り返し、新たな生命体を形作ることになるんじゃ。

私　それでわかってきたわ。五万年前頃に共通感覚が誕生したことによって、別々の地に生活していた人類が、どのようにして、一斉に人間になったのかという疑問に対する答えが、今はっきりとわかってきました。すべてのものに統合力が貫かれているから、時空を超えた世界に共通感覚が誕生したことで、目に見える世界では、空間の壁を越えて既存の人類が一斉に人間になったということですね。

ジー　その通りじゃ。

私　ということは、生物の進化というのは、それまでに生存していた生物を踏み台として新たな種が誕生してくるということなのですか？

ジー　そうなんじゃ。だから、古生物学の世界では、いまだにその原因が謎とされておることじゃが、生物の進化が、先に存在していた生物種の絶滅によって引き起こされているという現象があるんじゃが、この現象は、今お前さんが言ったように、既存の生物を踏み台として、新たな統合力の誕生が新たな生物種を生み出すということから容易に理解できてくるじゃろう。

私　なーるほど、そういうことなんですね。既存の生物が絶滅したように見えるのは、その生物を踏み台として、新たな生物種が誕生したからなのですね。

ジー　そうじゃ。もちろん、隕石の衝突や火山の噴火などによって地球環境ががらりと変わり、既存の生物が大量に絶滅に至ることもあるんじゃが、そうでない絶滅の場合には、既存の生物を踏み台とした新たな種の誕生が起きておるんじゃ。

私　そうか、だから、それまで何百万年も安定に存在していた種が突然姿を消し、新たな種が誕生してくるという断続平衡の現象が起きているのですね。

ジー　その通りじゃ。だから、これはジーの推測なんじゃが、その断続平衡進化の現象で消えてしまった種と新たに生まれた種のゲノムをもし調べることができたとすると、ゲノムは異なっても、それぞれが持つ遺伝子には、ほとんど変化がないじゃろうということじゃ。

私　それは、既存の生物を踏み台としているから、遺伝子そのものにはほとんど変化はないということですね。

ジー　そうじゃ。そしてじゃ、その新たに誕生した統合力は、細胞一つ一つの中を貫きながら、そうした細胞によって形作られた成体の中をも貫くことになり、それぞれの種の本能を生み出す源になってくるんじゃ。

私　ジー、ちょっと待って、さっきからちょっと疑問に思っていることなんだけど、どうして、細胞に働きかけている統合力が成体を作り上げるのですか。前に、一つ一つの細胞は同じゲノムを内に秘めていると言ってたでしょう。そうした同じ細胞がどうして統合力の存在によって目や口、手や足といったさまざまな部分を生み出し、最後には一つの完成された成体を作り出してくるのですか？　そして、その統合力がどうして本能と係わってくるのですか？

ジー　実は、統合力というのは、ただ、さまざまな部品を一つに集めるだけの働きだけではなく、それは、環境と係わって新たなものを生み出す創造性をも秘めておる。統合力というのは、環境すべてを含んで全体で一つの秩序あるものにしようと働くから、環境の変化に対して、創造的に係わらざるを得ない。人間の抱く統合力としての共通感覚も、前に言ったように、それが基盤となって、人間の創造的な営みがなされておったじゃろう。

私　そうでしたね。

ジー　そうした創造性を秘めた統合力が細胞に作用して細胞分裂を起こさせるとき、新たに出来上がった二つの細胞にはそれぞれに同じ統合力が作用することになる。そのことが繰り返されていく中で、一つ一つの細胞には同じ統合力が等しく貫かれてくることになる。それは、さっき譬えた数珠のようなものじゃ。ただ、それぞれの細胞を貫く統合力には創造性が秘められておるから、ある程度細胞分裂が進んでくると、一つ一つの細胞には他の細胞との係わりを把握しながら、自分自身の果たすべき役割が統合力によって与えられてくるのじゃ。すなわち、一つ一つの細胞が、他の細胞との係わりによって全体で一つとなる創造性を発揮することになる。そのことによって、それぞれの細胞の内に抱いておるゲノムの特定の遺伝子を活性化させ、それぞれの細胞の果たすべき役割を作り上げ、全体で一つの完成された成体を作り上げることになるんじゃ。

私　一つ一つの細胞が同じ統合力を秘めながら、微妙に異なる環境に即して、それぞれが独自の創造性を発揮するということでしょうか？

ジー　その通りじゃ。それは、人間一人ひとりを考えてみるとわかりやすいかもしれん。人間一人ひとりには、唯一無二の統合力として共通感覚が等しく与えられておるが、その共通感覚は、内に創造性を秘めておる。その創造性によって、一人ひとりの行動は、その一人ひとりが直面する環境に合ったように行動しようと、それぞれがもっておる能力を発揮してくることになる。同じ統合力を秘めた一人ひとりではあるのじゃが、それぞれの環境が異なることによって、それぞれが発揮する能力が異なってくる。ある人は農業に携わり、ある人は会社員として働き、ある人は政治家として働き、ある人は研究者として働くというように、同じ共通感覚という統合力を抱きながらも、それぞれの置かれた環境の中で、それぞれの人に、それぞれの働きが生まれてくる。そのことによって、人間社会全体が、調和のとれた社会構造を自然に生み出すことになってくるんじゃ。その人間一人ひとりに、細胞一つ一つを置き換えてみれば、お前さんの一つの疑問は解けてくるのではないじゃろか。

私　そうか、会社なんかも、夫婦だけで作っているような小さな会社では、一人が何から何までやらなければならないけれど、従業員が多くいる大きな会社では、経理であるとか、営業であるとかさまざまな部署があって、それぞれが専門の仕事をしていますよね。同じ人間ではあるけれど、それぞれは、それぞれ異なった専門をもち、そこに人間としての創造性を発揮しながら仕事をしている。そして、そうした一人ひとりが集まることで、会社という一つの組織が全体で調和のとれた組織として運営されていく、そのことと細胞分裂から成体ができあがってくるのとは、基本的には同じことなのね。

ジー　ま、その譬えは、単細胞生物から多細胞生物への変化に相当してくるのじゃが、細胞分裂によって一個の成体が誕生してくるのも、それと同じようなものであると考えていいじゃろう。

（十）

私　そして、そうか、前に、統合力は内的な存在、目には見えない存在なのに、それがどうして遺伝子やゲノムのような目に見えるものを作り上げているのかの疑問をジーに投げかけた時、その答えは後でわかってくると言っていたのはこのことだったのね。すべてのものに統合力が貫かれているから、すなわちすべてのものが意志を抱いているから、指揮者のような新たな統合力が誕生すると、その統合力のもとで、自律的に遺伝子やゲノム、さらに成体というものを作り上げていくことができるのね。あの時は、統合力が何か接着剤のような力学的な力によって遺伝子を結びつけていると思い込んでいたんだけれど、統合力は既存のものの意志に働きかけるということね。

ジー　その通りじゃ。

私　そうか、指揮者にしたって、オーケストラの奏者を力学的に結びつけているわけではないですよね。そこでは、指揮者の醸し出す雰囲気を心によってとらえる奏者の感性と意志とが関与しているんですものね。まさに自律的な営みですよね。

ジー　そうじゃな。これらのことから、生命の営みにおいてきわめて重要な一つの形が見えてくるのじゃが、わかるじゃろうか。

私　さー、なんでしょう？

ジー　それは、さっきお前さんが光の世界で起きておるという状態の収縮について話しておったじゃろう。その状態の収縮が、細胞でも、人間一人ひとりでも、あらゆるところで起きておるということじゃ。

私　えー、光と同じことがですか？

ジー　そうじゃ。一つ一つの細胞には、その種に特有なあらゆる細胞になる可能性を秘めたゲノムが等しく与えられておるじゃろう。でも、細胞分裂が進むにつれて、それぞれの細胞は、そのゲノムの中から、ある特定の遺伝子だけを活性化させ、それぞれが特定の機能を発揮するようになる。同じように、人間一人ひとりには、人間としてのあらゆる営みが可能な共通感覚が秘められておる。でも、それぞれの人は、それぞれの環境との係わりによって一つの仕事、一つの行動をとることになる。そこには、光の世界と同じ状態の収縮が起きておる。こうした状態の収縮が起きるのは、すべてのものの内に統合力が貫かれておるからなんじゃ。

私　なーるほど、そういうことなのね。生命の営みというのは複雑そうに見えるけど、案外とシンプルな営みなのですね。

ジー　そうじゃな。

私　これまでの話で、同じゲノムをもつ同じ細胞が、細胞分裂を繰り返しながら、成体を作り上げていくことのメカニズムは、なんとなくわかってきたような気がするのですが、それでは、その成体を貫く統合力が、本能と係わっているというのはどういうことなのですか。

ジー　これまで語ってきた統合力は、それぞれの種に特有なものであるから、その統合力によって、それぞれの種は、それぞれの種に特有な形態をもつことになるというのは先の話でいいじゃろう。今度は、その成体が生まれた後じゃ。その成体が生まれた時、その成体そのものにもその種に特有な統合力が貫かれておる。だから、その種を構成する個々体は、同じ統合力を共有しながら、環境すべてと係わっておることになる。要するに、統合力は、その種に特有な形態を形作るのと同時に、その種に特有な内面世界をも形作っておるということじゃ。

私　はい、そのことはわかります。

ジー　だから、たとえば一匹のアリが、ある餌を見つけたとすると、その餌に対して、アリのもつ統合力が創造性を発揮し、その餌と係わった環境を含めて全体で一つとなる世界を生み出すことになる。それが、その個のアリの内に生まれてくるイメージじゃ。そのイメージに基づいて、そのアリは行動することになるのじゃが、その行動は、結局は、アリのもつ種としての統合力の中で、全体で一つとなるような行動となり、その結果が本能と呼ばれるものになって表出してくるんじゃ。

私　な〜るほど、わかってきたわ。それは、さっきジーが言っていた細胞分裂と同じですよね。個々の細胞は同じであっても、細胞分裂していくうちに個々の細胞にはそれぞれ固有の営みが生まれてくる。でも、その営みは、全体としてみれば、その種に特有な形態を生み出すためのものですよね。それが今度は、一匹一匹の個々体の営みになってくると、全体としてみたときに、本能といわれる行動様態になってくるということね。

ジー　その通りじゃ。一匹一匹のアリの内には、アリとしての種に特有な唯一無二の統合力が貫かれておる。それは、人間誰しも同じ共通感覚という統合力を内に抱いて人間の営みをやっておることとまったく同じことじゃ。ただ、同じ統合力であっても、人間一人ひとりが、個々異なった環境の中で、異なった仕事をし、異なった日常生活をしておるのとまったく同じように、アリ一匹一匹が、それぞれが係わる環境が異なることで、その同じアリのもつ統合力が生み出すイメージは異なってくる。だからじゃ、一匹一匹のアリは個の意志によって行動しているように見えるのじゃが、実は、全体としてみると、アリとしての種に特有な統合の世界の中で生かされておることになるんじゃ。それが本能となって表出しておるということじゃ。そして、ここにも状態の収縮が起きておる。

私　なーるほど、わかったわ。統合力が種に特有な形態を作り出すことと、統合力がその種に特有な行動をもたらすのは、基本的には、統合力に根差したものであるということね。統合力が、一つ一つの細胞に働きかける時、種に特有な形態が生まれてくるし、統合力が、個々の成体に働きかけるとき、種に特有な本能行動となって現われてくるということね。そして、こうした本能行動にしても、光の世界で見た状態の収縮が起きているということね。

ジー　その通りじゃ。

私　そして、そうか、光の世界で見た波という性質は、個々の光子によって生み出されてくる本能行動の結果ということになるんだ。光も生きているということがわかってきた気がする。

（十一）

ジー　そしてじゃ、そうした生物の本能の中に秘められた力は、時として人間の知恵よりもはるかに優れたものとして表出されておる。たとえば蜜蜂の巣作りなどはなかなか知恵に富んだもので、そこには自然のもつ必然性が隠されておる。

私　それってどういうことでしょうか？

ジー　お前さんは数学が得意だったようじゃから、一つ質問じゃ。一つの平面を隙間なしに、同じ大きさの正多角形で仕切るのに使える図形は三種類あるんじゃが、どんな図形じゃろうか。

私　えー？　一つの平面を隙間なしに埋める図形ですか。まず頭に浮かんでくるのは正方形ですよね。あと二つ？　なんだろう？　ひょっとして正三角形？

ジー　そうじゃ。で、残りの一つは？

私　えー、なんだろう　……？　あてずっぽうなら何でも言えるんですが、論理的に考えてくると、まったくわからないわ。

ジー　残りの一つは正六角形じゃ。

私　そうなんだ。

ジー　実は、お前さんのような頭のいい子が考えてもなかなか答えることができなかったその正六角形が、蜜蜂の巣作りには便利さの点でも耐久性の点でも他の二つよりまさっておるのじゃが、蜜蜂は、その正六角形の優秀さをまるで知っておるかのように巣作りに用いておるのじゃ。

私　へー、すごーい。

ジー　その巣作りにも感動させられるんじゃが、蜜蜂の日々の営みは、ある整然とした秩序のもとで、きわめて統制のとれた営みがなされておる。そして、蜜蜂が種社会を作り、女王蜂を守ろうとするのも、巣を守ろうとするのも、ある見えざる力によっているし、その女王蜂にしても、人間社会に見られるような権威や権限によって個々体を支配しておるのではなく、見えざる力によってそうあらしめられておるようなんじゃ。蜜蜂の社会を長年研究してきた研究者にメーテルリンクという人がおるんじゃが、この見えざる力を巣の精神としか呼びようがないとしておる(34)。要するに、女王蜂にしても、それを守る働き蜂にしても、すべての営みが、見えざる力によってうながされておるということじゃ。

私　その見えざる力こそ、これまでジーが言ってきている種に特有な統合力ということなのね。

ジー　その通りじゃ。

私　だんだんわかってきたような気がします。昆虫にしても、植物にしてもそうなんだけど、小さいものから大きいものまで、あらゆる生物の営みが、誰から教えられたのだろうかと思うほど巧妙で秩序のあるふるまいをしているのを、本能という一言で片づけてきたけれど、その本能こそ、統合力に秘められた力ということなのね。そして、そうした本能が生み出す種社会は、アリや蜂の社会だけではなく、動物たちの群れ行動にしても、人間社会にしてもまったく同じだということね。

ジー　そういうことじゃ。人間も先に言ったように、共通感覚という統合力を一人ひとりが共通に内に抱いておるから、言葉によるコミュニケーションが可能になったり、社会の常識が生まれてきたりするんじゃ。もし、この共通な統合力が抱かれておらなかったら、言葉そのものが人間には与えられることもなかったじゃろうし、相手の心を思いやる心や、共感の心など生まれてはこなかったじゃろう。共通感覚という統合力が与えられたことで、人間も、アリや蜂とまったく同じように、無意識の世界で社会全体の動きを感知し、その中で、全体で一つの社会を作ろうと、自分の進むべき道をイメージとして感じておるのじゃ。そして、その共通感覚に支えられて、人間社会も秩序ある社会が形作られてくることになるんじゃ。

私　な―るほど。この世の中にはさまざまな仕事があって、そうした多くの仕事で人間社会が成り立っていますけど、誰が指揮してそうしたさまざまな仕事が増えてきたということではなく、人間の抱く共通感覚によって、一人ひとりが社会の流れを微妙にキャッチして、自分の進むべき道をとることで、社会全体が一つの秩序あるものとして活動していくことになるのですね。

ジー　そうじゃな。社会の環境が変化するにつれて職種も変化する。その変化する中で、一人ひとりは自分を取り巻くさまざまな環境と係わって、自分に最適な仕事についていくことになる。もちろん、自分の好きな仕事に必ずしもつくことができないということも生まれてくるじゃろうが、与えられた仕事の中で、始めはいやであっても、それが次第に全体で一つの調和した世界と係わってくるにしたがって、その仕事が好きになってくるし、そこからまた新たな世界を生み出していくことにもなってくる。

いやじゃいやじゃと言ってばかりおると、秘められた創造性が発揮できなくなってしまう。それは、人間社会というものから、自分自身で飛び出してしまうことにも等しい。与えられた仕事の中で、自分自身の内に抱いておる創造性を発揮して行くと、そこには、生命の営みに則った方向が必ず見えてくるものじゃ。そして、その方向は、生命の進む方向でもあるから、すべてがうまく運んでいくことになる。たとえ一人になったとしても、生命の進む方向にしっかりと歩んでおる人間には、宇宙が味方してくれるんじゃ。たくさんの人が集まって作り上げる人間社会も、人間に与えられた統合力に基づいた本能行動なんだということが、少しは理解してもらえたのではないじゃろか。

（十二）

私　そう考えると、私が私がといって、自分だけの意志で生きているように思ってきたけど、そうではなくて、共通感覚という統合力のもとで生かされているのだということが、なんとなくわかってきた気がします。そして、ジーが言うように、どんな仕事と係わっても、創造的に仕事と係わっていくなら、それが生命と直接共鳴し、生命の営みに素直な方向性が見えてくるということもそうなのだという気がしてきました。そう考えてくると、なんだか、個も大事なんだけど、それ以上に重要なのは統合力の存在という感じがしてくるのですが。

ジー　そうじゃな。その個と統合力とに関連して、生物学の世界では、個と種というのが大きな問題となっておって、ダーウィンの生きておった時代から、個と種というのが大いに議論されてきておる。生物学者の中には、種というのは存在していなくて、個だけが存在しておるもので、その個の集団が変化している途中をとらえたのが種だと考えている研究者もおる。ダーウィン自身もそんなふうに種をとらえておったようじゃ。すなわち、種は仮想的に考えられたもので、個こそが実在しているものじゃとな。

私　私もそんなふうに思うんだけど。

ジー　でも、どうじゃろうか、これまで話してきたことを考えてみると、お前さんもそう感じてくれたように、個よりも統合力というものの存在が重要であって、その統合力こそが、種を生み出しているものだということも理解してもらえるのではないじゃろうか。要するに、生命の世界から見たら、統合力だけが存在しておるのじゃ。時間と空間とを超えた世界には統合力だけが存在しておる。その統合力を抱いて、多くの個が活動するのは、現象の世界において、すなわち時間と空間に支配された世界においてじゃ。その世界をわれわれは目で見ることができるから、そこに個の存在が浮かび上がってきて、それこそが存在しておるものと思ってしまうのじゃ。

私　そうか、そうなんですね。

ジー　でも、その一方で、猫と犬とは違うと直感的に判断できるように、確かに猫と犬とでは、基本的に形態が異なっておる。その形態の異なりは、足が短いとか長いとか、耳が大きいとか小さいとか、鼻が高いとか低いとかいった部分的な違いではなく、全体的な違いからきておるもので、その違いを、われわれは直感で感じ取っておる。その違いを生み出しておるものこそ、それぞれのゲノムをコントロールして全体を作り上げておるそれぞれの統合力に他ならない。だから、統合力が種の源なのだということじゃ。そして、その種の中で、個々体の異なりを生み出しておるのが、ゲノムの中の個々のＤＮＡの異なりということじゃ。

私　そうなんだ。種として、個々体を共通に貫いている形態の類似性や、さっき言った種社会などは、統合力に根ざしているのに対して、個々体の顔形の微妙な異なりや、体形の異なりといったものは、個々体のもつゲノムの中の変異が生み出しているということね。

ジー　そうなんじゃ。同じ人間でありながら、民族性が生まれてきたり、兄弟であっても、それぞれ異なった顔形になっておるのは、共通感覚としての統合力が異なっておるからではなく、ゲノムの中でのＤＮＡの異なりからくるもので、その異なりは、同じ人間種の中での異なりであって、それは人間としての統合力によって支えられておる。要するに、科学が見出してきたもの、すなわち、時間と空間とが支配する世界でとらえられてきたＤＮＡであるとか、遺伝子であるといったものは、個と係わったものであるのに対して、時間と空間とを超えた世界にある統合力は、それぞれの種にとって唯一無二のものであり、種を形づくっておる根源的なものだということじゃ。そして、生命の世界から見たなら、実際に存在しておるのは、統合力であって、個は、その統合力と環境との係わり、さらには、遺伝子に刻印された変異、すなわち祖先との係わりによって生み出されたものなんじゃ。時が流れても統合力は同じままじゃ。その同じ統合力に抱かれて、変化していくのはＤＮＡと係わった部分的なものだけじゃ。だから、ＤＮＡの変化が、個の変化を生み出すことはできても、新たな種を誕生させるなどということはあり得ないことなんじゃ。

私　そうなんだ。やっとわかってきた感じがするわ。ダーウィンの学説は、ゲノムを構成している遺伝子、それはＤＮＡが集まったものですよね、そのＤＮＡが変化することで、遺伝子に変化が生まれ、それがその個体が、そして、種が生き残っていくために有利なものは子々孫々に受け継がれていき、そうした有利な変化が蓄積されて新たな種が誕生するというものでしたよね。始めは、その考えに何ともいえない論理性を感じ、それこそが正しい考え方なんだと思っていたのですが、こうして、奥深くのことまでみてくると、ダーウィンの考えた生物進化の考えがまったく間違った考えだったんだということがはっきりしてきたように思います。

要するに、私たちは、生まれてから、この統合力の存在する世界に対して見る目をもっていなかったということですね。その統合力の世界とは、時間と空間とを超えた感じる世界。そして、その世界こそ生命そのものが活動する世界だったのですね。それにもかかわらず、私たちの認知能力は、目に見えるものの世界だけにとらわれてしまい、そうした目に見える世界の背後で、目に見えないものが存在していることに気付かなかったのですね。

ジー　その通りじゃ。人間は、科学を発達させ、その科学を用いて科学技術を発達させることで、身のまわりの生活環境を便利で快適なものにしてきておるから、科学こそ絶対であると思い込むようになり、目に見える世界だけに心を傾け、いつしか目に見えない世界を置き忘れてきてしまったのじゃ。昔の人は、そうした人間の性行をしっかりとわかっておって、目に見えない世界の大切さを渾沌《こんとん》といわれる物語に仕立てておる[35]。

私　それはどんな物語なんですか？

ジー　荘子という中国の古代思想の一節に語られておるものじゃが、南の海に住んでおった帝と北の海に住んでおった帝とがときどき会っておったのじゃが、その会う場所は、いつも中央の帝である渾沌の住むところじゃった。渾沌はこの二人の帝をいつも手厚くもてなしてあげておったので、二人の帝はその恩に報いようと相談し、「人間には誰にも目と耳と鼻と口と七つの穴があって、それで見たり、聞いたり、食べたり、息をしたりしているが、渾沌にはそれらがない。その穴をあけてあげよう」ということになった。そこで一日に一つずつ穴をあけていったが、七日たつと渾沌は死んでしまったのじゃ。

ここには、現代社会を生きる人間の姿が描かれておるようにジーには思えるのじゃ。科学技術の発達によってもたらされる便利さと快適さとを飽くことなく追い求めていく中で、目に見えるものだけにとらわれ、目に見えないものの大切さをどこかに置き忘れ、いつしか、生命の本質を見失ってしまいつつある現代人の姿をな。

（十三）

私　なーるほどね。昔の人は、物事をよくわかっていたのですね。でも、よく考えてみれば、これほど簡単そうに思えることにどうして科学者たちは気付かなかったのでしょうか？　そして、なぜ今もダーウィンの進化論こそ絶対的に正しいと信じている科学者が多くいるんでしょうか？

ジー　それはじゃな、今話した渾沌の物語のように、科学者自身が、目に見えるものの虜になってしまい、自分自身の心の内側を見つめようとしてこなかったからじゃ。

私　ジーは、また謎のようなことをおっしゃる。自分を見つめることと、進化論と何か関係があるんですか？

ジー　大ありじゃ。いいかな、どんなに偉大な科学者であったとしても、その科学者がたとえノーベル賞をもらうような科学者であったとしてもじゃ、その人が自分自身の心の内を見つめることをしなかったなら、それらの結果は、宇宙を、そして生命を正しくとらえてはいないと見るがいい。もちろん、ノーベル賞をもらうんじゃから、世の中では正しいと評価されておることには間違いない。でも、それは、群盲象を評す群盲の中での出来事であって、象を正しく見てはいないのじゃ。要するにじゃ、科学のやっておることは、球を外から眺め、その眺めたものをああだこうだと侃侃諤諤《かんかんがくがく》議論しておるようなものなんじゃ。

私　球を外から眺めるというのはどういうことですか？

ジー　球を外から眺めるというのはじゃな、お月さんを眺めておると見ればいいじゃろう。月には満月もあれば、三日月もある。新月もあって月が見えないこともある。月はもともと、満月でも、三日月でも、新月でもなくて、ただ、丸い球体に過ぎないじゃろう。それを外から見ておると、太陽との位置関係によってさまざまな形に見えてくる。それをああだこうだといって議論し、みんなが認めたものを正しいとしておる。ま、科学というのはそういうものじゃ。でも、先に言ったように、月はあくまでも丸い球体に過ぎないのじゃ。そして、それを外から見ていたのでは決してわからない、まさに群盲像を評すになってしまう。ところがじゃ。その月を、月の内側から見たら、それは球体の内側から見ることなんじゃが、ま、球体の内側といっても目に見える世界での内側ということではなく月そのものになってしまうということなんじゃが、この場合は、目に見える内側と考えてみてもいいじゃろう。そうすると一瞬のうちにすべてが見えてしまう。だから、本当のものは、そのものの内に入り込まなければ分らないということじゃ。

私　それっていうのは、そのものになりきるということなんでしょうか？

ジー　ま、そういうことじゃ。ところがじゃ、そのものの内に入っていくと、そこから見えてくる世界は客観的な世界ではなくなってしまう。それは、見る者にしか見えない世界、主観の世界になってしまう。そこに葛藤が生まれてくるんじゃ。実際に存在するのは、そのものの内に入っていって初めて見えてくる世界なんじゃが、その世界は、今度は見る者の心の中に存在するものじゃから、それを他の人に客観的に示すことができないんじゃ。それを客観的に示そうとすると、どうしても言葉といったものの手段に頼るしかないじゃろう。そうすると、肝心なものは抜け落ちてしまうんじゃ。生命の営みそのものから見ていくと、目に見えるものは目に見えないものからできておるんじゃが、目に見えるものこそ絶対的なものとして追いかけまわしてきた科学は、生命の営みにとって一番肝心な目に見えないものの存在を見落としてしまうのじゃ。

私　その見えるものは見えないものからできているというのは、これまで語ってきた統合力の存在ね。統合力は、すべてのものの内を見えない形で貫いている。その見えない統合力が新たに誕生すると、新たな生命体が作られてくるというのが、見えるものは見えないものからできているということですよね。

ジー　そうじゃ。生命の営みは、人間の営みと同じようなものじゃ。むしろ、人間の営みこそ生命の内に秘められた営みの現われであると言った方がいいじゃろう。人間自身も、何かを生み出そうとすると、そこには必ず心の内にイメージが浮かんでくるじゃろう。そのイメージは外からは見えないものじゃ。その見えないものが、見えるものを生み出しておる。そうしたイメージが生まれてくるのは、人間の心の内にすでに話した共通感覚といわれる統合力が秘められておるからなんじゃが、それは道具や機械といったものを創造する能力だけではなく、言葉によって思いを伝えることも、絵のように、自分の抱いたイメージを表現する能力でもある。そして、その統合力が、人間一人ひとりの心の内を貫いておる。その心の内を貫いておる統合力は、宇宙を作り上げておる統合力とも、草木を生み出しておる統合力とも、そして、動物や昆虫を生み出しておる統合力とも共鳴するものじゃ。だから、自分自身の心の内をのぞいていくと、すべてのものと共鳴する統合力に触れることができるんじゃ。

私　そうか、だから詩が生まれてくるのね。花にも、鳥にも、星々にも心がある。そのことを詩人は直感で感じとっているのね。それはよくわかるわ。

ジー　逆に、そうした統合力に目覚めていない人間は、ものには心などない、光には心などないとして、すべてを外を見る目だけでしかとらえようとはしないのじゃ。そして、その外を見る目でしかとらえない世界を侃侃諤諤《かんかんがくがく》するのが科学の世界なんじゃ。外を見る目でしか物事を見ていない人たちは、目の前に展開するものの動きにしても、生物の動きや形態にしても、そうしたことが内面の世界から生み出されておるものだとは思わないし、生物や物が相互に係わりながら、全体で一つになる世界を作り上げておるということにも気付かないのじゃ。それは、人が、自分の内に心があると思ってはいるけれど、その心は、実は本当の私の心ではないということに気付いていないからなんじゃ。

第五部　本当の私

（一）

ジーが言う本当の私に気付いていないというのはいったいどういうことなんだろうか？　今、私が私と思っているこの私は、本当の私の心ではないのだろうか？　この年になるまで、私は、私の意志で生きてきたように思う。中学、高校で頑張ったのも、この大学に入ろうと必死で勉強したのも、そして、研究を続けようと大学院に進学したのも、いま意識しているこの私の意志だ。それは、本当の私のように思うんだけれど、そして、他の人たちも、それぞれが私と同じように、それぞれの私を意識し、その私の意志によって生きている。そう思うんだけど、ジーは、なんだかその私が本当の私ではないといっている。本当の私とはいったい何なんだろうか？　その本当の私についてジーに聞いてみることにした。

私　ジーが言う、本当の私の心に気付いていないというのはどういうことなんですか？　私がいま私と思っているこの私が、本当の私ではないということなんですか？

ジー　その通りじゃ。お前さんが私と思っているその私は、私であることには間違いはないのじゃが、本当の私は、もう一つ、その心の底に沈んでおるんじゃ。

私　その本当の私というのはいったいどういう私？　そして、その私を私たちは知ることができるのでしょうか？

ジー　そうじゃな。その私を知ることはできる。でも、その私は、普段意識している私の心の底の底に沈んでおるので、生まれたままの心では、その本当の私を知ることはできないのじゃ。人は、生まれた時には、自分の意識はないというか、自分という存在を意識してはいないじゃろ。その自分が意識され、記憶に残ってくるのは、三歳頃からじゃろか。

私　そうね、私もちょっと思い出してみると、幼稚園に入園する少し前頃かな。だから二歳から三歳頃じゃないかしら。

ジー　そうじゃろ。その二歳から三歳頃からの記憶が、今生きておる自分の記憶の中にはある。でも、それ以前の記憶はまったくないし、ましてや、生まれてくる以前の心などというものは、記憶になんかまったくないものじゃ。記憶になんかないというより、そんなものは記憶云々できるものではないと思い込んでおる。だから、人は、肉体が生まれた時が、自分の心が生まれた時なんじゃろと漠然と考えておる。そして、肉体が誕生してから二、三年の間の記憶は、まだ記憶力が十分に成長していなかったから記憶にないのだと、なんとなく納得しておる。でも、人の心の中には、普段は意識はできないんじゃが、生まれて間もない頃の記憶はもちろん、自分が生まれてくる以前の記憶もちゃんと残されておるんじゃ。そして、その意識にははっきりとは上らない記憶の中に、実は、本当の私が秘められておるんじゃ。

私　それはどういう私？　その私を日常感じることができるのですか？

ジー　そうじゃな。時として人は、その本当の私に触れておるんじゃが、そのことを意識してはいないんじゃ。では、お前さんに、その本当の私に気付いてもらうために、いくつか質問してみることにしようかのう。

私 はい、はい。

ジー お前さんは、今学生だけれど、何を学んでおるんじゃ？

私 私は、数学が好きでしたから理学部に入り、今は光について学び研究しているんですが。

ジー おー、そうじゃったな。それではじゃ。お前さんは本当に光の研究が好きなのか？

私 えー、好きですけど。

ジー 本当にそうじゃろか？　じゃ、大学を出て、どうしようとしておるんじゃ。就職じゃがな。

私 私としては、どこかの企業の研究所に入りたいと思っていますが。

ジー 大学には残らないのか？

私 今は、大学に残ろうとしても、なかなかポストがないし、たとえポストが与えられたとしても給与は低いでしょう。それから、大学でずっと光の研究を続けていっても、あまり大きな成果が生まれてはこないような気がするんです。企業に入って、何か大きな発見をして、それが社会に認められ、実用化されるような、そんな研究がしたいし、それから、企業に入れば、たとえ研究に行き詰っても、違う部門で新たな活躍というか、力を発揮することもできるでしょう。

ジー お前さんは、光の研究が好きではなかったのかな。

私 確かに光の研究は好きなんですが、心の底では、それを嫌っているというか、迷っている何かもあるんです。大学に行こうと思ったのも、それほどはっきりとした未来のビジョンがあったのでもなく、成績がたまたま良かったし、この大学に合格することが夢だったから、その先のことはほとんど何も考えていなかった。そして、大学院に進んだのも、研究が心の底から好きというのではなく、学部よりも大学院のほうが世間受けするかなという単純な思いと、自分が白衣を着て研究している姿にあこがれていたというのもあるし。だから、こうして考えてみると、自分で大学を受け、自分の考えで大学に来ているようだけど、実際は、自分の考えというよりも世間を気にしながら、そして、他の人たちと比較しながら、これまで生きてきていたんだということがわかったような気がします。

（二）

ジー　そうじゃろ。そこなんじゃ。わしが、本当の私は、お前さんが私と思っているその私の底に沈んでおると言ったのは。普段、ほとんどの人は、お前さんが言うように、世間に動かされた私によって生きておる。でも、そうした世間から少し離れて自分自身を見つめてみるとき、自分は本当にこれがやりたかったんだろうか。何かわからないけど、他に本当に好きなことがあるんではないだろうか。研究なんかするのではなく、もっと本当に好きなことをやってみたい。一人で自由に世界を歩きまわったり、絵を描いたり、音楽に没頭したり、世間に縛られずに自由に好きなことをしていたいといったふうな思いが自然と浮かび上がってくるものじゃ。

私　そう言われてみると、その気持ちわかるような気がする。

ジー　そうした思いを浮かび上がらせておるのが、実は本当の私なんじゃ。でも、人はそのことにまったく気付いてはいない。そして、そうした本当の私からのメッセージを世間という雑音によって聞こえなくさせておるんじゃ。

私　ジー、ちょっと待って。本当の私からのメッセージが世間という雑音によって聞こえなくされているというのはどういうこと？

ジー　それは、雑草の中にまかれた真実のタネのようなものじゃ。雑草は、どんどんと成長するのに、真実のタネはなかなか芽を出さない。やっと芽が出たと思った頃、世間という重い石がその芽の上に置かれてしまうんじゃ。世間は、真実のタネの芽を伸ばしてあげようとするのではなく、雑草だけを伸ばそうと必死なんじゃ。雑草こそ真実の芽と思い込み、後からゆっくりと芽を出してくる真実のタネの芽の成長を止めてしまうんじゃ。こうして、世間は、真実のタネの芽を伸ばすことのなかった人たちで作られていくから、いつまでたっても人間社会は、雑草だけの世界になって、真実のタネの芽が成長してはこないんじゃ。

私　それって若い時の反抗期にみる心の葛藤のようなものですか？

ジー　ま、それも少しは関係しておるのかもしれんが、その真実のタネの芽というのは、思春期よりももっとずっと後の時期に芽を出し始めるのが普通なんじゃ。二十代とか、三十代とかな。

私　では、私は今その芽を実感してはいないということでしょうか？

ジー　そうじゃな、実感しておるのかもしれん。というのは、一番始めに、お前さんは生きることの意味に関して眠れないほど悩んでいると言ってたじゃろう。誰に教えられたわけでもないし、誰かにそうしなさいと言われたわけでもないのに、自然に心の底から生きることの意味を問いてきておる。それは、真実のタネが芽を伸ばそうとし始めているということなんじゃ。

私　そうか、生きることの意味を考えていること自体、真実のタネの芽を伸ばそうとしていることなのね。そして、それは、本当の私からのメッセージということなのね。

ジー　その通りじゃ。でも、その考えようとするお前さんに、世間は、ああだこうだと言って、その芽を抑え込もうとしてしまうのじゃ。そうしたことは、なにも今に始まったことではない。人間の歴史の中で、そうしたことがいつもいつも繰り返されてきたんじゃ。だけどじゃ、どんなに人間社会が、雑草で作り上げられておったとしてもじゃ、人間の心の中にまかれた真実のタネは、決して消えることがないから、いつの時代も人は、その真実のタネを抱きながら、世間という雑草の中で生き続けてきておるんじゃ。

私　そうなんだ。

ジー　だから、なかには、その真実のタネのエネルギーが強くて、世間という重い石をも打ち砕いて成長してくるものも時には出てくる。そういう人は、まれにこの世の中に存在して、そういうわずかな人によって文化が作られたり、革命が起こされたりするんじゃ。でも、そういう人は、時として、狂人に思われたり、お前さんのように科学をやっておる人であったら、普通の人が気付くことのない本質的なことに気付き、まったく新しい理論を生み出したりするものじゃ。また、小説を書いたり芸術的なことをやってきた人は、突如としてその作風が変化したりすることにもなってくるんじゃが、そうした新たな理論や作品は、はじめは世間や専門家からは排斥されてしまうことが多いんじゃ。

私　それはどうしてですか？

ジー　それはじゃな、真実のタネの芽を伸ばした者の生き方や創作というものが、世間の常識というか、それまでなんとなく慣習に守られてきた考えや価値観から外れてしまうからなんじゃ。

私　そうなんだ。

ジー　真実のタネの芽を伸ばすことに成功した人には大きな心の変化が起きるんじゃが、その変化した心からは、それまでには見えなかった世界が見えてきおる。その新たに見えてきた世界は、生命そのものと深く係わった真実の世界なんじゃが、その世界を心の基盤に置いて生き始めると、その生き方や考え方が、世間の人たちの価値観からはかけ離れたものになってしまって、その人の生き方はもちろん、その人の意見や作品といったものを一般の人たちはなかなか受け入れることができないんじゃ。

私　それって、なんとなくわかるような気がする。

ジー　そしてじゃ、その人が亡くなった後、その人の残した理論や作品が世の中に受け入れられていくにつれ、その人の人生での突然の変化に学者たちはあれこれと理屈をつけるのじゃが、そのどれもこれも真実からは遠く離れたものになってしまうんじゃ。というのは、その変化は、それまで仮想の世界でものを見ておった人間が、真実の世界からものを見るという、まさにコペルニクス的転換のような大きな心の変化が起きたことから生まれてきたものだからなんじゃ。

（三）

私　なんだかわかる感じがするけど、そうしたことの具体的な例は何かないですか？　私たちがよく知っている人の中で、そうしたことを体験し、その突然の変化を後の世の人たちによってあれこれと間違ったように解釈されているような。
ジー　そうじゃな、何人もおるんじゃが、どうじゃ、松尾芭蕉という人間は。
私　芭蕉なら知っている。『秋深き隣は何をする人ぞ』『古池や蛙飛び込む水の音』といった俳句を詠んだ人でしょう。芭蕉なら、高校の教科書にも載っていたし、よく知っているわ。
ジー　そうじゃな、その芭蕉の人生をお前さんはご存じかな。
私　詳しくは知らないけど、俳人で、奥の細道を書いたし、旅が好きだった人ですよね。
ジー　そうじゃな、でもな、芭蕉は、始めから俳句、当時は俳諧と呼ばれておったのじゃが、その俳諧の道に進もうとしていたわけではないし、俳諧の道に進んでからも、そして、宗匠としての地位を得てからも、俳諧を捨てて、ほとんど句を詠むことのなかった時期もあったのじゃ。
私　えー、そうなんだ。もう芭蕉さんは、小さい時から俳諧が好きで、一生俳諧の道に没頭していたような印象があるんですけど、実際はそうではなかったんですね。
ジー　そうなんじゃ。芭蕉は、伊賀の国、今でいうと三重県になるじゃろか、そこで生まれ、その藩士の家に奉公することになった。その奉公先の主人が、俳諧をたしなんでいたことから、

奥の細道行脚之図
芭蕉（左）と曾良（森川許六作）

芭蕉も俳諧の道に進むようになったようじゃ。俳諧は趣味として、仕事は藩士の家で働き、立身出世の夢を抱いておったようじゃ。ところが、芭蕉が二十三歳の時に、主人が亡くなってしまった。主人を失った芭蕉は、将来のことについていろいろと考え悩んだ挙句、俳諧師として立身出世しようと決意し江戸の地に向かうことになった。

私　それって、いくつくらいの時のことですか？

ジー　三十歳少し前の頃じゃ。江戸にやってきて、水道工事の仕事をしたり、そのほかいろいろな仕事をしながら、俳諧師の頂点を目指して努力することになった。その努力が実り、三十四歳の時には、俳諧師師匠としての地位である宗匠の地位を得ることになる。宗匠の地位を得た芭蕉には、数十人の門下生がいたともいわれ、その名は江戸はもちろんのこと江戸以外にも響きわたるようになった。ところがじゃ、その宗匠の席がまだあたたまらない三十七歳の時に、すべての門下生をおいたまま、一人深川に隠棲してしまうのじゃ。一人になった芭蕉は、句を詠むのでもなく、もっぱら禅寺に通っていたようなんじゃ[36]。

私　そうなんだ。芭蕉が完全に俳諧の世界から離れてしまったことがあるんだ。そんなにも一つの道、一つの世界で有名になり、地位も得ていたのだから、それを自ら手放す人なんて、そうめったにいるものではないですよね。それはいったいどういう心境からだったんでしょうか？

ジー　そうじゃな。その尋常でない行動に、芭蕉研究の専門家たちはさまざまな理由を考え出した[36]。たとえば、当時主流であり、芭蕉も係わっていた談林俳諧に違和感を感じ始めていたからだとか、人の機嫌を取る宗匠の生活に嫌気がさしたのだとか、中国の古典詩人たちの生活を模したのだとか、宗匠としての生活に失敗し、その結果経済的にも破綻して、江戸市中での生活が維持できなくなったからだとか、ま、専門家の方々は、いろいろな理由を考えるものじゃ。でもな、ジーは、それらのどの理由も、芭蕉の気持ちになって考えてみると、芭蕉の本当の気持ではなかったと思うんじゃ。

私　それはどうしてですか？

ジー　それはじゃな、さっき、真実のタネの話をしたじゃろ。芭蕉は、真実のタネの芽が心の底から芽生えてきておることを感じ始めておったのではないかと思うんじゃ。その芽が伸び始めてくると、人は、もはや、今までのような世間の中での雑草としての生き方を捨てなくては一歩も先に生きては行かれないような気持ちになってくるんじゃ。雑草の世界で、どんなに名声をはせたとしても、どんなに高い地位を得たとしても、そして、どんなに富を得たとしてもじゃ、それらにはまったく価値がないことが感じられてくるんじゃ。そして、今までやっておった俳諧のようなものにも、まったく興味が持てなくなってしまったのじゃと思う。

私　へー、そうなんだ。そんなにも努力をしてやっとつかんだ地位や名声、そして、昔から好きだった俳諧までも、まったく興味が持てなくなってしまったのですか。

ジー　そうじゃ。芭蕉の心は、地盤のしっかりしない大地の上に建てられた高層ビルのようなものだったのじゃろう。世間で有名になり、富を得、世間からは高い評価が得られていても、ビルが高くなればなるほど、地盤のしっかりしない上に建てられたそのビルが、揺れ動き始めていることに気付いてくる。世間の人たちにはうらやましいほど立派に見える高層ビルが、そのビルの中に住む人間には、不安定で仕方がないものと感じられてくる。それと同じように、真実のタネの存在に気付いた者は、それまでの雑草の生活は、ただ不安だけが闊歩する生命のない空虚なものに理屈もなにもなく感じられてくるんじゃ。

私　私自身、生きることの意味を考え思い悩んでいるのですが、今ジーが言ったような芭蕉のような心境になったことは、これまでまだないわ。真実のタネの芽の存在に気付くというのは、相当に衝撃的なことなのですね。

ジー　そうなんじゃ。真実のタネの芽に気付くということは、たいへんなことなんじゃ。そして、その真実のタネの芽に気付いた者は、その芽を伸ばさない限り、生きておることの意味はないと感じられてくるんじゃ。でも、その真実のタネがいったい何なのかは、まったくわからないままじゃ。だから、そのタネの真意を求めて暗中模索することになる。それは、世間によって動かされている私ではなく、本当の私、すなわち生命そのものと直接係わった私への脱皮なんじゃ。世間という雑音に惑わされることなく、ただ一人静かに本当の私と対峙する。それは、理屈のない、やむにやまれぬ心の動きじゃ。そうした思いにかられる人はきわめてまれじゃから、雑草の中で生きておる多くの人には、芭蕉のように突然隠遁してしまう行為が、尋常の価値観からはわからないのじゃ。それでじゃ、さっき言ったような世俗的な屁理屈をつけたがるのじゃ。そうした屁理屈は、雑草の中で生きておる人たちの心で考えられたもので、芭蕉の本当の心ではないのじゃ。

私　これはなかなか難しい問題のような気がするわ。私自身にしても、まだそうした本当の私と係わりあうような心の世界を体験していないから、芭蕉のような行動をどうしても理解することはできないのですが、ジーに言われてみると、そうした心の世界もあるのかもしれないという気はしてきます。

(四)

ジー そうじゃな、世間の価値観と、本当の私に目覚めた者の価値観とは、百八十度異なってくる。百八十度異なるというよりも、次元が違っておるんじゃ。芭蕉は、深川に隠遁生活を始めた時には、まだ本当の私に目覚めてはおらなかったと思われる。というのは、さっきも言ったように、この時期、句を詠むことよりも、禅寺に頻繁に通っておったらしいからじゃ。禅寺に通うというのは、そこに生きる活路を求めていたからじゃ。それは、まさにこれから伸びようとする真実のタネの芽を伸ばし、しっかりと根付かせるためにはどうしても通り抜けねばならない関門だからじゃ。良い句を詠むとか、世間受けする句を詠むということに、まったく興味はなくなってしまったのじゃと思う。句を詠むことよりも、人生いかに生きるべきかという大命題に対する答えを求めることに必死だったのじゃ。それは、お前さんが今まさに思い悩んでいる命題そのものじゃや。

私 そうなんだ。芭蕉も生きることの意味を求めて深く思い悩んでいたんだ。

ジー そうじゃ。やがて、芭蕉は、本当の私に目覚めることになる。それは、四十歳頃じゃろか。本当の私に目覚めた芭蕉は、再び句を詠むようになる。でも本当の私に目覚めた以降の句は、それ以前の知識に染まった生命不在の句とはまったく違った魂の込められた句になったのじゃ。そして、今お前さんたちが学校で学んでおる芭蕉の句のほとんどは、芭蕉が四十歳以降、すなわち本当の私に目覚めた以降に詠まれたものなんじゃ。

私　そうなんだ。最近、スポーツの世界でも、芸術の世界でも、幼児教育が盛んで、小さい時から専門的な分野で教育を受け、訓練を受けて、十代で世界の強豪を相手に活躍している人が出てきているので、芭蕉も、小さい時から俳諧に夢中になり、高度な教育を受けて、芭蕉の俳諧を完成させたのかなと思っていたのですが、そうではなかったのですね。ジーの話ですと、芭蕉が本当の意味での俳諧師になったのは、四十歳頃だったということでしょうか。

ジー　そうなんじゃ。この四十歳頃を境にして、芭蕉は、旅を愛する俳諧師へと変貌したのじゃ。お前さんがさっき言った「奥の細道」の旅も、芭蕉四十六歳の時だし、それに先立った「野ざらし紀行」の旅も、四十一歳の時じゃった。芭蕉の句は、四十歳以降がらりと変わるのじゃが、それは、一言で表現するなら、物真似ではない、芭蕉自身の生命あふれる創造性豊かな句じゃ。それ以前の句は、中国の詩人の詩をまねたものや時流にあわせたものが多く、その句には、芭蕉の知識的なものは表現されておっても、芭蕉自身から生み出された魂の響きが感じられないのじゃ。ところが、本当の私に目覚めた以降の句は、そうした中国の詩人の物まねではなく、自分自身の心の底、魂から生み出された句になったのじゃ。その句には魂の響きがするから、時の流れを経ても、人々の心に共感を与える何かがわき出ているのじゃな。

私　なーるほど、人が人になるというのはなんだかたいへんなことのような気がしてきたけど、でもそれが真実のような気もする。私が、今の自分に満足できないというか、なんだか心の底の方で、まだつかみ切れていない人間としての生き方を模索しているのも、芭蕉自身が体験した本当の私を覚知することを暗黙のうちに求めさせようとする力が働いているからということなのね。

ジー　その通りじゃ。人間には、お前さんの言うように、そして芭蕉が体験したように、本当の私に目覚めるための方向性が、生まれた時からすでに秘められておるということじゃ。そして、本当の私に目覚めるためには、芭蕉が体験したように、大きく三つの段階に分けられた精神的進化を果たす必要があるんじゃ。

私　三つの段階に分けられた精神的進化ですか？　それは、三つのまったく異なる心の状態ということでしょうか？

ジー　ま、そういうことになるかのう。その三つの段階を、芭蕉の人生で考えてみると、まずはじめは、芭蕉が、世間を相手に、必死で宗匠の地位を求めていた時のように、とにかく世間で名をあげ、地位を求めようとする時期。それは、心が世間という外に向かっておる時期じゃ。次の時期は、そうした世間との係わりで生きておる中で、生きることの意味を模索し、その意味を真剣に考えようとする時期。それは、心が自分自身の内面に向かっていく時期じゃ。芭蕉でいうと、宗匠の地位を離れて、隠遁生活に入った時期じゃな。そして、最後の段階は、そうした生きることの意味を模索する中で、本当の私に目覚め、自分自身の足で生き始める時期じゃ。旅を愛する俳諧師になった芭蕉後半の人生がこの時期に相当することになる。

私　なるほど。確かに三つの段階に分かれていて、その精神状態が芭蕉の行動そのものになっていますよね。こうした精神状態の変化というのは、人間なら誰にでも起きてくるものなのでしょうか？

（五）

ジー　誰にでもとは言えないが、昔からそれなりの人には体験されておって、孔子も自分自身の人生体験から、この三つの段階を次のような言葉で述べておる。「三十にして立つ、四十にして惑わず、五十にして天命を知る」[37]とな。

私　ジー、ちょっと待って。今の言葉は、論語の中の一節ですよね。確か、高校の漢文の時間に習ったと思うのですが、それが、どうして三つの人生の段階と係わってくるのですか？

ジー　まず、三十にして立つというのは、芭蕉が俳諧の世界で立身出世しようとして江戸に出てきた頃の心じゃ。その心は、人間であれば、大なり小なり、誰でも持つ心じゃ。お前さんも、中学、高校時代はそれなりに成績が良かったのじゃろう。立派な大学に入ったのじゃから。その立派な大学に入って、さらにいい研究をしたりして世の中に名をはせたいという思いは、まさに、この三十にして立つという言葉の内に込められた思いじゃ。

私　なるほど、その気持ちはわかるわ。

ジー　それは芭蕉にしても同じで、その思いは、芭蕉の努力によって、宗匠としての地位を得ることで叶えられることになった。ところがじゃ、その芭蕉の心に、そうした立身出世を価値のないものにしてしまう心が芽生え始めた。それがさっき言った真実のタネの芽じゃ。それは、芭蕉に人生いかに生きるべきかという命題を突きつけた。そのことによって、芭蕉の心は大いに揺れたのだと思う。世俗社会で高い地位を得て、名をはせることの人生をそのまま歩むのか、それとも、そうしたものから離れて人生いかに生きるべきかの命題に答えを得るのか。そこに大きな迷いが生まれてくる。でも芭蕉は、人生いかに生きるべきかの命題に答えを得ることを選び、一人隠棲してしまったのじゃ。やがて、本当の私に目覚めることのできた芭蕉には、自分の生きる道がはっきりと見えてきた。もはや、あれこれと迷うことなく、残りの人生を俳諧師としての人生にささげる覚悟ができた。それは、孔子が四十にして惑わずと言っていることの意味なんじゃ。そして、本当の私に目覚めた後は、旅を愛し、思いのままに句を詠むことを愛する俳諧師となり、それを天命として人生を生きていくことになったのじゃ。

私　なーるほど。四十にして惑わずという言葉には、そうした深い意味があったのですね。論語の言葉のもつ意味の深さに、今あらためて感じいった思いがします。

ジー　そうじゃな。そして、この芭蕉の体験した、そして孔子の語る人生の三つの段階は、青虫がアゲハチョウへと脱皮する姿によく似ておるじゃろう。

私　青虫がアゲハチョウへと脱皮することにですか？

ジー　そうじゃ。青虫は、お前さんも知っておるじゃろうが、ある時期がくるとまゆになり、そのまゆの中で成長してアゲハチョウへと変身していくじゃろ。その変化の様子が、人の心の遍歴とよく似ておるのじゃ。青虫が青虫のままで生きておる時期は、芭蕉が宗匠の地位を求めて世間という中で必死に生きておった時期、青虫がまゆの中で新たな成長を期しておる時期は、芭蕉が隠遁生活に入り、一人生きることの意味を求めておった時期、そして、青虫がまゆの中からアゲハチョウへと脱皮する時期は、芭蕉が本当の私に目覚め、自分自身の意志でしっかりと生き始めた時期じゃ。

私　なるほど、それはよくわかるわ。

ジー　本当の私に目覚めるためには、青虫が青虫の世界を離れてまゆになるように、世間との係わり、世俗との係わりから離れることが必要なんじゃ。それは、それまで世間という外の世界に向いていた意識を、自分自身の心の内に向けさせるという心の中で体験する長いトンネルのようなものじゃ。そして、ひとたびそのトンネルを抜け出すことができ、本当の私に目覚めることのできた者は、従来の慣習や、手法、あるいは考え方にはまったくとらわれることなく、自分の心の底から浮かび上がってくる本当の私からの声に素直に従って生きていくことになる。だから、そうしたアゲハチョウのように自由に空高く羽ばたいていく生き方が、世間の人たち、すなわちまだ青虫のままでおる人たちから見れば、おかしな行為、おかしな考え方に映ってしまうんじゃ。でも、歴史に刻まれた文学、芸術、思想といったものは、こうした本当の私に目覚めた人たちによって生み出されたものが多いんじゃ。

私　それはどうしてなのでしょうか？

ジー　それはじゃな、本当の私に目覚めた者は、その者の心が真なる生命、悠久なる生命に立脚しておるからなんじゃ。それだけだとわかりにくいじゃろうから、ちょとした比喩で話すと、青虫のままの人たちは、大地に根を張らない木々が、互いの枝をからませあいながら立っておるようなものじゃ。一人ひとりが大地に根を張っておらないから、自分一人で立つことができない。だから、どうしてもまわりの人たちの支えによってしか生きてはいけなくなってしまう。たとえ、そうした人たちの中で有名になったり、そういう人たちに認められたとしても、大地に根を張っていないから、時の流れとともに、そうした人たちがいなくなってしまうと、いつしか忘れ去られてしまうのじゃ。

私　それはわかるような気がする。

ジー　ところがじゃ、本当の私に目覚めた者は、大地にしっかりと根を張った木のように、一人で大地に立つことができるし、自分の思い通りに生き生きと成長していくことができる。そして、大地に根を張っておるから、その人の生み出すものには、生命が流れておる。だから、たとえ大地に根を張ることのない同時代の人たちに認められなくとも、そして、大地に根を張ることのない同時代の人たちがいなくなってしまった後でも、その生命の存在を人は直観的に感じ取り、そうした生命の込められた芸術作品や思想というものに心を動かされるのじゃ。だから、そうした作品や思想は、時代を超えて生き続けることになるんじゃな。

私　なーるほど、そうなんだ。ジーの話で、時代を超えて生き残っている芸術作品や思想の背後に、そうした人の心の動きがあったのだということが、よくわかってきました。それで、今までのジーの話を聞いていると、本当の私というのは、仏教でいうところの悟りの境地のような気がするのですが。

（六）

ジー　その通りじゃ。本当の私は、心理学の世界では自己と呼ばれておるんじゃが、その自己に目覚めること、すなわち自己との邂逅が悟りということなんじゃ。悟りは仏教用語、自己は心理学用語じゃから、同じことを表現しておっても、言葉が違ってきてしまうんじゃ。

私　悟りと自己との関係をもう少し詳しく話してもらえませんか。

ジー　そうじゃな。それでは、心理学の世界からその悟りと自己との係わりを考えてみることにしよう。お前さんは、フロイトとかユングという人の名前は聞いたことがあるじゃろうか？

私　フロイトはあの夢判断という本を書いた人でしょう。確か、人の心の無意識という世界を初めて提唱した人だったでしょうか。それから、ユングは、名前しか聞いたことがないのですが、やはり精神世界と係わった人なのでしょうか？

ジー　そうじゃな、フロイトはお前さんが言ったように、無意識の世界を研究した人で、特に眠っているとき見る夢が、その人の無意識の世界からのメッセージであることを初めて明らかにした人じゃ。ユングも無意識の世界を研究しておって、その分野では大先輩のフロイトとはよく議論する間柄じゃった。ユングも精神科医として患者の悩みを聞きながら、それを治療していくということをやっておったんじゃが、ある頃から、次第にユング自身が、自分自身の無意識の世界を探求するようになった。ユング自身も、精神的な病というか深い悩みを抱えておったから、患者を診るうちに、自分自身の心の奥深くを探求するようになったのじゃと思う。その探求がどのくらいの期間続いたのかはわからんのじゃが、ユングは、その自分を見つめる作業の中で、自分自身の無意識の世界に横たわる本当の私、まさに自己であるが、その自己と邂逅することができたのじゃ。それは、先に言ったように、仏教でいうところの悟りの境地に達したということじゃ。それによって、ユングの世界を見る目は百八十度転換したんじゃな。まさに芭蕉の体験したことと同じことじゃ。

私　それって、前にジーが言っていた、コペルニクス的心の転換ということね。

ジー　そうじゃ。そのことによって、ユングのものを見る目は大きく変化した。フロイトは、患者の心を科学的に、すなわち客観的に見ておったのに対して、ユングは、自己との邂逅以降、自身の心の内を見るように、患者の心の内から、すなわち主観的に見るようになったのじゃ。それは、さっき月を見るのに、その外側から見ているのではなく、月の内側に入ることによってすべてが見えてくるといった、あのことと同じことじゃ。

私　それは、患者の心と一体となる、患者の心になりきるということね。

ジー　そうじゃ。患者の心の内に入り込むことによって、患者の本当の心の悩みの種が見えてくる。それは、客観的に患者を診ているフロイトにはできないことじゃった。そして、ユングは、フロイトのように、外から心を見ていたのでは、本当の患者の心はわからないと、ある時を境にして、フロイトから離れていくことになった。このフロイトとユングの訣別は、さまざまな憶測を呼び、いまだに、そのことで議論がなされておるんじゃが、先の芭蕉の深川への突然の隠遁と同じように、客観の世界しか見ていない人たちには、いつまでたっても事の真相は見えてはこないじゃろう。

私　それって、なかなか難しい問題のような気がする。

ジー　ま、それはともかくとして、ユングは、自己との邂逅を果たし、新たな精神分析学の構築を目指して、自分自身の道を一人歩み始めることになった。そのユングが見つけ出したのが、自我と自己、すなわち二人の私というものじゃ。

私　二人の私というのはいったいどういうことなんですか?

ジー　フロイトもユングも、人間の心を大きく二つの世界に分けておった。一つは、だれもが自分自身を意識して感じる、まさに意識の世界。もう一つは、意識はされないけれど、心の奥深くに静かに存在しておる無意識の世界じゃ。ユングは、その無意識の世界をさらに二つに分け、個々人の体験が意識的な記憶ではなく、無意識の記憶となって蓄積されておる世界と、もう一つ、これは、人類に共通する心の世界で、体験によらない遺伝的な無意識の世界じゃ。ユングは前者を個人的無意識と名付け、後者を集合的無意識と名付けた(38)。

私　ちょっと待って。今ジーの言ったことを整理すると、無意識の世界が大きく二つに分けられ、一つは、個人の体験と係わったものが意識的記憶と係わるのではなく無意識の世界に秘められているものね。それは意識に近い無意識ということなのね。それに対して、もう一つの人類に共通する無意識の世界は、個々人が直接体験したこととは関係なく、人間である以上誰もが平等に持つ心の世界ということね。

ジー　そうじゃ。生まれて間もない子が虐待を受けたりすると、それがその子の無意識の世界に記憶されておって、大人になった時に、多重人格のような性格を生み出すことにもなってくるんじゃが、それは、個人的無意識の世界との係わりじゃ。それに対して、集合的無意識というのは、人類に共通した心の世界で、その心の世界があることで、民族が違っても、どの民族も同じように宗教的な営みを行っているし、文化的な交流のまったくない民族の間に、同じような昔話が伝えられていたりもする。すなわち、人間の心の底の底には、昔の人間にも、今の人間にも、そして、民族の垣根を越えて、すべての人間に共通な心の世界があるということじゃ。

私　そう言われてみれば、どの民族にも宗教的な儀式はありますよね。日本にだって、天照大神という神様がいたり、地方に行くと今でも、お地蔵さんが立っていたり、神社の杜があったり、岩や大きな木にしめ縄が飾られていたりしていて、そこに神様が宿っていると考えられていますよね。宗教そのものの内容はともかくとして、民族の垣根を越え、どの民族も人間より偉大な何かを同じように感じ、それを神としてあがめたてまつるのは、人類に共通した心があるということなのでしょうか?

ジー　そういうことじゃ。何も教わらない子供でも、何か心配事があったり、怖いことに直面した時などは、自然に心で手を合わせるものじゃ。それがお母さんであったりもするんじゃが、そうした心は、人類に共通な心があるからなのだとユングは考えたのじゃ。そして、意識の世界にある私を自我と名付け、集合的無意識の世界にあるもう一人の私を自己と名付けた。だから、われわれの心の中には、二人の私が秘められておることになるんじゃが、普段は、意識と係わった自我だけに意識がいってしまっておるから、もう一人の自己は無意識の世界に閉じ込められたままで、意識されないのじゃ。

（七）

私　そうか、だから普段私が私と思っている私は、意識できている私であって、それが自我ということね。そして、ジーが言う本当の私というのが、無意識の世界にある私、すなわち自己ということなのね。

ジー　そうじゃな。自我の私は、個々人の肉体と係わっておるから、個々人が日常体験している日々の記憶と係わっておる。一年前には何があった、昨日は何があったと一人ひとり違った記憶をもっておる。それが意識と結びついていて、そうしたものが自分自身だと思い込んでおる。その思いこんだ自分が自我じゃ。だから、自我は人の数だけ存在することになる。ところが、自己としての私は、集合的無意識の世界にある唯一無二の私であって、すべての人に共通な私じゃ。それは個々人の肉体から離れたものじゃ。だから、自我の私は、肉体が消えてしまえばなくなってしまう私なんじゃが、自己としての私は、肉体に依存しない私であるから、たとえ肉体が消え去ってしまったとしても、あり続けておる私ということになる。

私　ジー、ちょっと待って。それって、前にジーが数珠の譬えで説明してくれた共通感覚と似てないですか？

ジー　そうなんじゃ。お前さんよく気が付いたのう。前に統合力が時間と空間を超えた世界にあることを数珠の譬えによって説明したが、まさに共通感覚の中心におるのが自己なんじゃ。

私　その自己と共通感覚との係わりはわかるような気がするけど、ジーの言うあり続けている私というのはいったいどういうこと。そして、その自己を私たちは、日常意識することはできないのでしょうか？

ジー　実はじゃ、このあり続けている私としての自己が生命と深く係わり、さらには、生命の進化と係わってくるんじゃが、そのことは後でまた話すとして、お前さんの質問にまずは答えることにしよう。われわれが自己を日常意識できるのかどうかということじゃが、それは、ときどき垣間見ることはできると言っておこうか。でも、それが自己であるという確固としたものとしてはとらえられないのじゃ。たとえば、さっき、お前さんに、本当に光の研究が好きなのかと聞いたじゃろ。その時に、お前さんは、確かに光の研究は好きだけれど、心の底では、それを嫌っている何かもあるということを言っておったじゃろ。

私　はい、それは事実ですが。

ジー　自分で好きだと思って選んだものが、実は、世間体を気にしたり、競争に勝つためであったり、人より上手にできるからとか、ヒーローやヒロインになれるからとか、お金持ちになれるからとか、そういったことによっていることが多いのじゃ。もちろん世のため、人のためという考えもあるんじゃが、その世のため、人のためと思っている心もよく突き詰めていくと、やはり世間あるいは自我の欲求というものがその底には根を張っておる。それは、先に言ったように、肉体と係わった私の欲望であり、自我の世界での好き嫌いなんじゃ。

私　でも、普通そうではないでしょうか。オリンピック選手にしても、金メダルを目指して頑張っているし、サラリーマンにしても、地位や名声、さらにはお金といった個人的な欲求を満たそうとして努力している。そこには世間、社会といったものとの係わりがあって当然なのではないでしょうか。

ジー　もちろんお前さんの言う通りなんじゃ。でもな、そうした世間と係わった自我の欲求を満たそうと努力しておっても、時として、生きることの意味を考えたり、本当はもっと自由な世界で何かわからんのじゃけど自由なことをして生きていきたいというような思いを抱くことがあるじゃろ。お前さんも、夜眠れないくらい生きることの意味に悩まされておるんじゃから。

私　そうですね。普段は一生懸命勉強し、研究して、論文を書いて、教授や世間に認められるような研究者になりたいと努力していますが、一人静かになると、そうした世間との係わりとはまったく関係なく、生きることの意味を考えてしまうんですよね。

ジー　そうじゃろう。そうした思いは、実は、無意識の世界に秘められておる自己からの自己の存在を知らしめようとする呼びかけなんじゃ。そして、その無意識の自己が意識化された時に、本当の私が心の中によみがえってくる。それが悟りであり、自己との邂逅なんじゃ。

私　そうか、そう言われてみて何となく感じてきたことは、私が生きることの意味を求めてもがいているけど、そのもがきは、本を読んだり、人に相談したりしても、解決できそうもない気がしていて、それっていうのは、無意識の世界にあるもう一人の私を意識化する努力が必要ということね。要するに、その問題は、知識では解決できないということなのね。

ジー その通りじゃ。それは、誰かに教えてもらえるようなものではない。自らの努力によって、自分で獲得していくほかないんじゃ。自己実現という言葉が世の中で頻繁に使われておるようじゃが、その自己実現の本当の意味は、好きなことをやるとか、技術を磨いてプロになるとか、与えられた仕事が一人前にできるようになるといったような具体的に見えていることではなくて、無意識の世界にある自己を意識化させることなんじゃ。そうして意識化された自己に心が立脚するとき、本当になさねばならんものが見えてくる。

私 そうなんだ。世の中で自己実現という言葉がよく使われていて、何がその自己実現なのか、いま少しよくわからなかったんだけど、自己実現の本当の意味は、無意識に秘められているもう一人の自分を意識化することだったのね。ということは、普段私たちは、好きなことをやっているようであっても、自己に立脚していない場合には、どこかに迷いが生まれてきているということなのね。心の底から好きなことではないということね。

ジー そうなんじゃ。さっき芭蕉の話をしたが、芭蕉が自己と邂逅する以前、芭蕉は、句を詠むことを心の底から本当に好きということではなかったんじゃろうとジーは思うんじゃ。句を詠むことよりも、自身の句を世間で評価されたり、俳諧師としての地位や名声を求めていたりと、俳諧にまつわるものに心を寄せておったのではないじゃろか。もちろん句を詠むことに純粋に喜びを感じることも時にはあったじゃろうが、ジーには、その純粋さよりも、もう少し世俗的なものに心が引かれておったように思えるんじゃ。

（八）

私　そうか、私が、研究そのものになんだかわからないけれど迷いのようなものを感じているというのは、そして生きることの意味を求めて悩んでいるというのは、私の無意識の世界に秘められているまだ見ぬ自己からの自己を覚知せよというメッセージということなのね。それは、なんとなくわかるような気がする。でも、自己との邂逅を果たすためには、いったいどうすればいいのでしょうか？

ジー　そうじゃな、それは、無意識を意識化することじゃ。

私　無意識を意識化するということはわかるんですが、それは具体的にどうすればいいのですか？

ジー　自我で作られた私の欲望は、成績が一番になるとか、世界一の選手になるとか、一番のお金持ちになるとか、社長になるとか、すべて相手との比較の中で得られるものじゃ。だから、その欲望をかなえるためには、相手との競争に勝ち抜く必要がある。それは絶えず外を見、外と比較する生活になっておる。意識は、絶えず外を向いておる。それに対して、自己との邂逅は、外の世界では起こり得ない。自己が無意識の世界に存在しておるのじゃから、自己との邂逅を果たすためには、どうしても意識を自身の内なる心、すなわち無意識の世界に向け、そこに意識の明かりを灯して行かなければならないのじゃ。それはわかるじゃろ。

私　はい、わかります。でも、その無意識の世界に意識の明かりを灯すにはどうしたらいいのですか？

ジー　それは、外界に向けられておる五感を静かにさせて、外界からの刺激をとにかく少なくして、意識を自分自身の心の中だけに集中させるのじゃ。

私　それって瞑想するっていうことですか？

ジー　ま、そういうことじゃ。それと、生きることの意味について、自ら哲学することでもいいかもしらん。とにかく、外から入る刺激を遮断して、自分自身の心とだけの対話を繰り返すことなんじゃ。自分を見つめてみる、すなわち、自分の心の世界を何でもいいから書き出してみるというのがいちばん身近な実践方法かもしらん。

私　ちょっと待って。自分の心の世界を何でもいいから書き出してみるというのは、もう少し具体的にいうとどういうことなんですか？

ジー　そうじゃな。お前さんは生きることの意味で悩んでおると言ったじゃろ。その生きることの意味について、自問自答してみるんじゃ。何がそんなにお前さんを悩ましておるのか。研究がつまらないのか、自信がないのか、就職のことが気になるのか、将来の目標が見当たらないのか、それとも、死が怖いのか。そうした身近に抱いておる問題を少しずつ自分の知恵で考えていくことじゃ。もつれた糸を少しずつほぐしていくように、焦らず、ゆっくりと自分の心と対話してみることじゃ。

私　なんだか、それならできそうな気がする。

ジー　心の世界を描きだすことによって、見えなかったものが見えてくる。それは、無意識の世界を旅していることにもなるんじゃ。そうすることで、それまで無意識だったものがだんだんと意識化されてくることになる。そうした無意識を意識化させる営みの中から、ある時悟りの世界が突然現れてきおるのじゃ。

私　そうか、今ジーに言われて初めて気が付いたんですが、悩みというのは、心の内から自然に湧き出してくるのですが、その悩みに対して、何がそんな思いにさせているのか、自問自答することなどしていないですよね。何となく悩んでいるということですよね。その何となくという無意識的なものを意識化させるということなんですね。

ジー　その通りじゃ。ただ、ここでちょっと老婆心ながら注意しておかねばならんことがある。それはじゃな、哲学や、瞑想だけではなかなか悟りをえることはできないじゃろうということじゃ。そこには、そうした論理では乗り越えられない一線があるようにジーには思える。その一線を乗り越えるためには、何か絶対的なものに身も心も帰依してしまうという、信じる心がどうしても必要なんじゃ。芭蕉が禅寺に通っておったというのは、生きることの意味を求める中で、神ならぬ仏様を信じ、それに帰依する心を抱いておったのではないじゃろか。

人間は、理性というお化けに心が支配されてしまっておるから、どうしても理性の主導する論理で物事を考えようとしおる。生きることの意味も、何か論理的に具現化できる答えを待っておる。でも、本当の意味で生きることの意味を知るためには、理性のお化けから解放されなければならん。その理性のお化けから心を解放させてくれるのが信じるという心なんじゃ。

私　そうか。生きることの意味は、誰かに質問されたわけではなく、私の心の中に自然に生まれてきたものだから、それは、論理的に答えが与えられるものなんかではないということね。それって、人を好きになることと同じようなものね。人を好きになるのも、自分の心の中から自然に生まれてくるもので、論理的なものではないですものね。

(九)

ジー　そうじゃな。ま、それはともかくとして、そうした無意識を意識化させる営みの中から、ある時悟りの世界が突然現れてくる。それはまさに自己との邂逅であり、自我から見ていた世界とはまったく異なる世界が見えてくる。それは、先に言ったように、球体を外から眺めておった立場から、突然、球体の内側から球体を眺めるようなものじゃ。それは、現象のみに見入っていた目が、突然、その現象を生み出しておる根源的なもの、すなわち内的世界を見る目に変わるということじゃ。

私　まさに、コペルニクス的心の転換ですね。

ジー　そうじゃ。そうすると、光にも心があることが見えてくるし、生命というのが、自我の世界にあるのではなく、唯一無二の自己の世界にあることもわかってくる。だからじゃ、自我の世界から見ているものは、生命のないものをとらえておることになるんじゃ。そして、生命そのものの営みを本当に理解するためには、どうしても、生命と直接係わる自己の世界から見る必要があるんじゃ。さっき、たとえノーベル賞を受賞するような科学者であったとしても、その人が、自分自身を見つめることをしなかったなら、そして、自分自身の心の無意識の世界に意識の明かりを灯すことの努力をしなかったなら、その人の研究の結果は生命を正しくとらえてはいないといったのは、そういうことなんじゃ。

私　それはなんとなくわかるような気がするのですが、ただ、さっきからジーは、生命の本当の営みということを言ってますけど、日常こうして生活している私の営みは、生命の本当の営みではないのですか？

ジー　それは、たぶん生命の本当の営みなんじゃろ。でもな、お前さんの意識、生きておるという意識は、実は、生命そのものに立脚した意識ではなく、まだ未成熟の意識なんじゃ。そう言われてもピンとこないじゃろうから、例えて言うと、お前さん、まだ二歳、三歳の子供の心を眺めてみて、どう思う。あれが人間の抱く本当の心、本物の心だと思うかのう。

私　いえ、そうは思わないわ。まだ子供の心で、まだまだ成長していくものだと思います。

ジー　そうじゃろ。それは、お前さんのように、大人の心に成長して初めて子供の心がまだ未成熟なものであることがわかってくるからじゃ。それと同じことで、自己と邂逅する前の人間の心は、まだ本当の生命を見てはいない状態なんじゃ。だから、その本当の生命を見ていない心で世の中を見ておっても、どうしても擬似的な、仮想的な世界を自ら作り上げてしまうことになるんじゃや。

私　それでは、今私がこうしてみている世界は仮想的な世界ということなんですか。

ジー　ま、そうなんじゃな。人間は、愚かなもので、子供の心から大人の心にだんだんと自然に成長してきておるのはわかるんじゃが、その大人の心が、この宇宙を誕生させ、人間を生み出してきた生命の営みそのものをしっかりととらえることのできる心だと思い込んでしまっておる。それは、子供がおままごとをしておるようなものじゃ。生命の真の姿をとらえるためには、未成熟な心を完成させることがどうしても必要なんじゃ。その完成された心に近づくのが、自己との邂逅に他ならない。今まで球体の外から球を眺めておったのが、突然球体の内側から眺めるようになる、まさに、お前さんが言うようなコペルニクス的な心の大転換が必要なんじゃ。

私　ということは、私たち人間は、生まれて自然に成長していく心だけではいけないということなのでしょうか？

ジー　ま、いけないということはないんじゃろうが、生命の営みとしては、人間の心を生れたままの心からより高い心へと成長させようとしておるということじゃ。人間以外の動物は、もって生まれたものの中にすべてがある。それが本能といわれておるもので、自分が成長しようとか、進歩しようとかはまったく思ってもいない。牛も馬も、猫も犬も、皆生まれたままの状態から、少しも変化はしていない。その変化しない中で、食べ、子供を産み、子供を育て、そして死んでいく。そこには何の悩みも迷いもない。日々の生活が単調だとか、死への恐怖であるとか、老いることへの嫌悪感だとかいったものは微塵もない。

　ところが人間はどうじゃ。お前さんのように、ある年を過ぎた頃から、生きることの意味を考えたり、死への恐怖心を抱いたり、病気や老いることを心配したりと、心の中は絶えずいろいろなことで悩み葛藤しておるじゃろ。そうした悩みや疑問を抱かせる源は、人間がただもって生まれたままの精神状態で人生を終わってはいけないということを暗に知らしめてくれておることなんじゃ。

私　そういうことね。だから、私自身、夜眠れないほど、生きることの意味を考えてしまうのね。それっていうのは、生命そのものが、私自身に精神的進化を果たさせようと働きかけているということなのね。

ジー　その通りじゃ。人間に生まれたということとは、動物に生まれたこととは大きく異なる。それは、人間一人ひとりに与えられた意識せる意志によって、自らの精神世界に変革をもたらし、自分の意志によって、自身の精神世界を進化させることを暗黙の義務としてもって生まれてきたのじゃ。だから、人間に生まれたことの第一の意味は、お金持ちになることでも、名声を博することでも、高い地位を得ることでもなく、一人ひとりに平等に与えられた意識せる意志によって、自らの努力で、自身の精神世界を進化せしめる、すなわち自己との邂逅を果たすということなんじゃ。

私　そうか、だから、ジーが、本当のものは自己の世界から見ないと見えてはこないと言っている意味が、そこにあるということね。そして、真理探究を大命題とする科学にしても、科学者自身が、自己の世界から物事を見ていかないと本当のものは見えてはこないということなのね。

ジー　そういうことじゃ。これまでの科学は、確かに人間の英知によって、自然の示すさまざまな現象を分析し、そこに法則さえも見出してきた。ところが、それらの研究結果がどれほどすぐれていようとも、それらは、生命そのものを正しくとらえてはいないんじゃ。生命の本当の姿をとらえるためには、もって生まれた心を一旦破壊して、新たな精神世界を作り上げることがどうしても必要なんじゃ。青虫の世界を離れて、一人静かに自分自身を見つめるまゆのような時空間をどうしても持つ必要があるんじゃ。

ま、話が難しい所に入ってきてしまったようなんじゃが、人間には、意識できる心と、意識できない心の二つがあって、その二つの世界に自分がいるということはわかってもらえたのではないじゃろか。

(十)

私 なんとなくわかったような気にはなったけど、この二つの世界があること、すなわち二人の私がいることによって、私たちが日常生活の中で直接影響を受けるような何か具体的な例はないのでしょうか。

ジー 実はな、お前さんもそうだと思うんじゃが、ほとんどの人がこの二人の私を抱えて一人悩んでおるんじゃ。さっきジーがお前さんに質問したこともその一つじゃ。お前さん、本当に光の研究が好きなのかとな。その時、お前さんは、正直に、実は、光の研究をしていることに、なんだか迷いのようなものを感じてきておると言っておったじゃろう。じゃ、何を本当にしたいんじゃ。こう質問されても、まだ答えられないかもしれんのう。そうした迷いは、先に言った二人の私がいることで起きておる問題だからなんじゃ。

私　そうか、だんだんわかってきた。私が大学に来ているのも、研究者として今研究しているのも、よく考えて見ると、世間を気にし、まわりを気にしての営みだったような気がします。その一方で、本当に研究がしたいのか、本当は何をやりたいのか、心の内でひそかに悩んでいるもう一人の自分に気付いてきました。

ジー　それは、お前さんだけではない。世間は、政治家や社長さん、あるいはTVタレントやスポーツ選手など、はた目から見れば、皆生き生きと自分の好きなことをやっておるように見える人ばかりだと思うじゃろ。でも、ほとんどの人が心の内に、もう一人の自分を抱えて静かに悩んでおるんじゃ。世のため、人のためと称して、自らそれで自分の生き方を正当化しながら政治家をやっておる人も、いつか政治家を辞めて、自分の好きなことをやりたいとか、本当におれは政治家に向いておるのかとか、本当は政治家を辞めたいんじゃけど、自分を支援してくれておる人たちの手前辞めることができないとか。同じことが、社長さんにも、タレントにも、スポーツ選手にもあるんじゃ。それは、そうした人が、政治を嫌っているわけでも、スポーツ選手がスポーツを嫌っているわけでもない。そうした一見自分のやっておることを否定するような矛盾した考えを抱いてしまうのは、実は、その人が、まだ本当の自分になりきれていないからなんじゃ。

私　そうか、そうしたことに悩んでいるのは、私だけではないということね。一見派手な世界で生き生きと活躍しているように見える人でも、一人静かに悩んでいるということね。

ジー　そうなんじゃ。そして、そうした悩める人が、自己との邂逅を果たした時には、本当になさねばならんものが心の底から見えてくるんじゃ。たとえばじゃ、心ひそかに政治家であることを嫌っておった人が、本当の自分に邂逅できたなら、その人は、政治家であることが好きで好きでたまらなくなってくる。そして、政治家としての姿勢が、以前とは一八〇度違った、創造的で、本当に自分の心の底から生まれてくるメッセージに基づいて、世の中をよくしていこうという何の打算もない、きわめて純粋な意志に基づいた行動になってくるんじゃ。ジーも、そうした政治家が出てきてくれることを願うんじゃが、なかなかそういう人物にお目にかかったことはないのう。

私　そのことが、ダーウィンの進化論を支持する科学者にも当てはまるということね。

ジー　その通りじゃ。科学者といえども、人間そのものじゃ。その人間が、自我の世界だけからしかものを見ないで作り上げておるのが、近代科学なんじゃ。先に言った目に見える世界というのは、自我と係わる世界じゃから、自我の世界にしか意識が向いていない科学者には、その見える世界の背後に、見えないものが秘められておることに気付きようがないんじゃ。現象だけにすべての意識を集中させ、その現象の背後にある目に見えないものの存在を無視してしまうんじゃ。

第六部　科学の忘れもの

（一）

ジーとの話の中で、人間の心の中には、本当の自分が隠されているということがわかってきた。私自身が、将来の進路に関して、あれこれと悩んでいるのも、そしていま生きることの意味を求めて悩んでいるのも、無意識の世界に秘められたもう一人の私に気付かせようとする生命の営みなのだということもよくわかってきた。でも、私のように、まだ自己との邂逅を果たせていない人であふれている社会の中にあって、現代科学では、ジーに言わせると真理をつかみ切れてはいないということになってしまう。でも今や科学を否定する人はいないし、そうした科学の分析結果を基にして、さまざまな技術が生み出され、私たちの日常生活を潤してくれている。それは科学が正しいからなのではないだろうか。その辺のことをジーに聞いてみることにした。

私　ジーのこれまでの話で、本当の私の存在というのはなんとなくわかってきた気がするのですが、その本当の私と邂逅することのない科学者では、生命の進化の真相がわからないといっていたのはいったいどういうことなのでしょうか？

ジー　それはじゃな、目に見えるものの背後に目には見えない生命の営みがあることに気付くことなく、生命の進化である生物の進化、種の誕生を目に見える現象の世界の中だけでとらえようとしてきたのが、これまでの科学的なアプローチだからじゃ。

私　それは、これまでジーが言ってきた観察という営みですよね。

ジー　そうじゃ。ダーウィンの理論は、確かにダーウィンの地道な観察に基づいて生み出されてきたものではあるんじゃが、その観察は、現象の世界の出来事を分析することに終始し、その現象を生み出しておる現象の背後にあるものを無視してしまっておる。だから、ダーウィンの理論は、どうしても現象の世界を支配する時間と空間の因果に引きずられてしまい、個に起きる変異という、個という空間に支配された現象だけに注目し、その変異が時間とともに蓄積していくという、時間に束縛された世界を作り上げることになってしまったのじゃ。

私　それはわかります。

ジー　だから、古生物の化石が、種は何十万年、何百万年もの間ほとんど変化しない中で、突然新たな種へと変化しているという現象を物語っておっても、それをその現象の背後に秘められておる見えないものによって生み出されたのだということに気付くことができず、どうしてもそうした断続平衡の現象を時間と空間とが支配する世界の中での因果によって解釈しようとしてきたのじゃ。

私　そうですね。私たちは、時として時間や空間を超えたような現象に直面しても、そう考えるのは科学的ではないとして、時間と空間に束縛された世界で考えてしまうのですね。でも、ジーが話してくれたように、私たちが今ここにこうして生きていられるというそのことは、時間と空間とが支配する世界で作り上げられたものではなく、やはり、時間と空間を超えたものが存在しているからなのですよね。それと、今私が当たり前のように使った「それは科学的でない」という言葉に込められた科学絶対の考えが、生命の真の営みを見えにくくさせてきてしまったということなのね。この世で起きていることが、時間と空間が支配する世界の因果によってすべて説明できるものと思い込み、時間と空間の支配する世界だけに通用する科学を絶対的なものと信じてきてしまったのですね。

ジー　その通りじゃよ。

私　でもね、そうすると、ダーウィンの進化論が間違っているというのはわかってきたんだけれど、そのことがすぐに、これまでの科学がやってきたことが間違っているということになるのでしょうか？

ジー　それは、痛いところをつかれてしまったのう。でも、そのことはきわめて重要なことじゃから、よく聞いておくれ。ただ、そのことを話す前にじゃ、お前さんの今言ったことに、ちょっと補足しておかないと、お前さんの質問に正しく答えられないことになってしまう。

私　補足ですか？

ジー　お前さんは、ダーウィンの進化論が間違っておると言ったじゃろ。基本的にはそうなんじゃが、ダーウィンの言っていることすべてを否定してしまうとダーウィンがかわいそうじゃから、少し弁明しておかないといけない。実は、ダーウィンの書いた「種の起原」という本には、進化という言葉は出てきてはいないんじゃ。ダーウィンが関心を抱いておったのは、この世に存在しておる多種多様な種が、いったいどのようにして生まれてきたのかということじゃ。そして、その中で、ダーウィンは、生物世界で起きている一つの事実を発見しておる。それは、生物には時として変異が起きるということ、そして、その変異が個体にとって生き残っていく上で不利にならない場合には、その変異は子孫に伝えられ、かつその変異が種の存続に有利に働くならば、その種に属する個々体の中に遺伝として残されていくということじゃ。これは、現実の世界で起きておることであって、遺伝学の世界からも、分子生物学の世界からも、正しいことが証明されておる。したがって、ダーウィンの発見した、変異と自然選択という考えは、これは立派な法則になりえるものなんじゃ。この自然選択というのは、後に自然淘汰と言われるようになっておるが、本質的なところは変わってはいない。変異と自然選択という現象は、確かに生物の世界で起きておる事実なんじゃ。

私　では、いったいダーウィンの理論の何が間違えているのですか？

ジー　それはじゃな、個々体の中で時として起きる変異が個を変化させ、その変化が自然選択によって種内に蓄積し、その蓄積した変化がやがて新たな種を誕生させるという仮説なんじゃ。

私　ちょっと待って。どうして変異と自然選択による変化の蓄積が正しくて、そのことによって新たな種が誕生するというのが間違っているのですか？

ジー　それはじゃな、次のような譬えで説明するとわかってもらえるじゃろ。深い谷で分けられた二つの台地を想像してもらおうかな。この二つの台地を、二つの異なる種として考えてもらうことにしよう。その台地は、低いところからだんだんと高くなり、その先端には高い山がそびえておる。その二つの台地の間には深い谷間があるんじゃが、低い台地から、山を見ていると、谷は見えてはいない。だから、低いところから少しずつ登って行けば、山頂に到達できると考えてしまう。そう考えたのが、ダーウィンの「種の起原」じゃ。変異と自然選択による変化の蓄積というのは、この台地の譬えでいうと、低いところから高いところに上っていく変化じゃ。それは谷をはさんだそれぞれの台地の上だけで成り立つ法則であって、その法則を谷を渡るのに使ってしまったところが問題なんじゃ。二つの台地の間には、越えることのできない深い谷があるのに、その谷の存在が見えていなかったために、それぞれの台地の中だけで有用な法則で、そのまま山頂まで到達できると考えてしまったのじゃ。

私　ふーむ、そういうことか。

ジー　それぞれの種は種としての安定した世界をもっておって、その安定した種の世界の中で、変異と自然選択による変化が起きておるだけで、種は変わってはいないのじゃ。先の二つの台地の譬えでいうと、それぞれの台地が示しておるのはそれぞれの種の世界なんじゃが、その種に属する個体が、たとえば低い台地の中でどのように動きまわっても――その動きまわるというのが変異と自然選択による変化に相当するんじゃが――高い台地の方には決して到達できないということじゃ。

私　なーるほど、それでわかったわ。ダーウィンの考えた理論は、変異と自然選択による変化という一部は正しくても、種の誕生という本質的な所では間違っていたというわけね。

ジー　そういうことじゃ。

私　では、ほかの科学の世界でも、同じような間違いをこれまでおかしてはいなかったのでしょうか？

ジー　そこじゃな。先の台地の譬えで、その一つ一つの台地を統合力と考えてもらえれば、お前さんの疑問は少しは晴れてくるのではなかろうか。すなわち、犬なら犬、猫なら猫の台地があって、それは、それぞれの種に特有な統合力ということじゃ。その統合力の世界は、生物の世界はもちろんのこと、物理的世界から、ＤＮＡの世界、さらに単細胞生物の世界まで貫かれておる。すなわち、物理的な世界には、物理的な世界に特有の統合力があり、ＤＮＡの世界には、ＤＮＡに特有の統合力があるということじゃ。そして、これまでの科学は、物理学は物理の統合力の支配する台地の中だけで作り上げられた法則や理論、化学は化学の統合力の支配する台地の中だけで作り上げられた法則や理論、ＤＮＡの特性はＤＮＡの統合力の支配する台地の中だけで見つけ出された理論と、それぞれの台地の中だけで起きておることに対する法則や理論じゃった。だから、そこでは、大きな問題は起きてはいなかったのじゃ。

（二）

私　それぞれの台地の中だけで起きていることに対する法則や理論というのは、どういうことですか？

ジー　たとえば、ニュートンの見出した万有引力の法則は、一つの式で表されておるが、それは、重力はすでに存在しておることを暗黙の前提として導き出された法則じゃ。その暗黙の前提が、重力を生み出す根源的なもの、それは統合力の存在なんじゃが、その存在を無視しても成り立つ法則にしておるんじゃ。重力の支配する世界だけの法則じゃから、重力を生み出しておる統合力の存在を無視しても、万有引力の法則は成り立っておるんじゃ。ま、成り立っておると言っても、あくまでも近似の世界でのことなんじゃがな。

私　なるほど、そういうことなんだ。

ジー　それと同じように、ダーウィンの見つけた法則にしても、先に言ったように、変異と自然選択による変化というのは、一つの台地の中だけで起きておることに対する一つの法則じゃから正しいのじゃ。それは、それぞれの台地の中だけで通用する法則で、猫なら猫、犬なら犬の統合力の支配する台地の中に限られた法則であるからじゃ。その法則は、個々の統合力のもとで起きておる現象だから、見えざる統合力の存在を考えなくても成り立っておる。ところがじゃ、ダーウィンが間違ってしまったのは、種の誕生という台地そのものの誕生、すなわち見えざる統合力の誕生を、個々の台地の中だけにしか通用しない法則をもちだして説明しようとしてしまったことなんじゃ。一つ一つの台地は、独立していて、一つの台地から次の台地が作られてはいないんじゃ。

私　なーるほど、そういうことなんですね。だから、これまでの物理学や化学、そして、遺伝子を扱うような分野では、大きな間違いというものが起きてはいなかったのですね。ジーの譬えで表現すると、一つの台地の中だけで通用する法則や理論をもとにして、さまざまな科学技術が生み出されてきたから、そうした技術には本質的な間違いはなく、現実の社会でそうした技術が生かされ、実用化されてきたということなのね。光通信が実用に供されているというのも、光のもつ統合力の世界での基本理論をもとにした技術だからなのですね。そして、そうした一つの台地の中での現象を分析している限り、統合力の存在を無視しても、別に問題がなかったということですね。

ジー　その通りじゃ。一つの統合力に根差した世界で科学がとらえてきた法則は、その背後に統合力が存在していて、その統合力が目に見える世界に生み出す現象が、法則としてとらえられてきたものじゃから、統合力の存在を無視しても法則は法則として成り立っておるんじゃ。科学の世界で、法則や仮説の正誤を判断する評価基準に再現性というのがあるが、その再現性があるというのは、同一の統合力の下で起きている現象を扱っておるからなんじゃ。

私　そーか、だから、ダーウィンが人工選択とした品種改良というのも、一つの種、一つの統合力の中だけでの技術だから、それはそれで成り立ってくるし、再現性もあるということなのですね。

ジー　その通りじゃ。そして、現代の生物学者や進化学者の多くは、自然淘汰が秩序を生み出すと考えておるんじゃが、そうした秩序は、それぞれの生物の背後に、それぞれの種に特有な統合力の存在があってはじめて生まれてくるものなんじゃ。どんなに個々体に変異があって、それが有用なものは維持されたとしても、その変異は、統合力によって生み出されておる調和の世界を乗り越えることはできないのじゃ。さっきの譬えでいうと、台地を乗り越えることはできないということじゃ。その調和の世界を乱してしまうような変異は、個の生命を維持できなくさせてしまう、すなわち、谷へ突き落としてしまうということじゃ。それと、その有用という言葉のもつ意味の中に、すでに統合力の作用が働いておるということじゃ。有用というのは、統合力の中で秩序を保ち調和して生きていくことの結果として生まれてきておるんじゃ。

私　なるほど、そうなのね。有用という言葉がなんとなく一人歩きというか、その言葉の意味をかってになんとなくいいことのようにイメージしていたのだけれど、その有用さという言葉の意味をもう少し深く突き詰めていくと、ジーの言うように、その有用さを有用さたらしめているものの背後には、全体を一つとした調和を保とうとする統合力が働いているということね。環境も含めて全体で一つとする調和の世界を作る上で、その変異が有効な変異であれば、それは有用なものとして科学者には捉えられているということですよね。そして、今こんなことを話しながら、直感的に思ったのですが、その調和を生み出し、すべてのものに秩序をもたらしているものこそが生命そのものということなのではないでしょうか。すなわち、有用という言葉のもっている意味は、生命を維持できるということであり、それは秩序と調和を保つということのほか何ものでもないように思えてきました。

ジー　お前さんの言う通りじゃ。それは、有用という言葉に限った話ではなく、人間は、言葉を使うことで、その言葉によってなんだかすべてがわかったような気になっておるんじゃが、そうした一つ一つの言葉を突き詰めていくと、わかった気になりながら、本質的なことがわかっていなかったことに気付いてくるものじゃ。生物学者、進化学者が使うその有用という言葉の意味は、お前さんが言うように、生命を維持していくのに役立つということなんじゃけれど、それを内側というか、生命の側から見ると秩序と調和を保ち続けるということなんじゃ。だから、有用であるのか、有用でないのかを決めておるのは、その種のもつ統合力によってその変異が調和する世界を築いていけるのか否かということになってくる。背後に統合力があるから、有用な変異が維持され、不用な変異が切り捨てられていくという自然淘汰が生み出されてくるんじゃ。

私　そうよね。生命を維持する上に有用、不用ということだけで済ませているから、その生命を維持しているものの本質が見えてはこないのね。その変異を有用たらしめているものは、調和を生み出している統合力にあるということなのね。

ジー　そうじゃな。さっきも言ったように、多くの進化論者たちは、秩序を生み出すものが自然淘汰であるとしておるが、もし、自然の中に、あるいは生命そのものの中に、全体を一つに調和させせようとする統合力が存在していなかったなら、およそ秩序などというものなど生まれてくることなどあるまい。それと、生命の営みの中に、全体を一つに調和させようとする力がなかったなら、人間のように道徳心を秘め、相手を思いやる心をもち、論理的に物事を考える力をもった生命体など生まれてくることなどありえないじゃろう。

（三）

私　ちょっと待って、統合力の存在と道徳心とがなぜ係わってくるのですか？

ジー　それはじゃな、統合力は、絶えず全体を一つの調和したものに維持しようと働いておるのじゃが、その働きは、目に見える世界には物理的な調和となって現われてきおる。宇宙の調和にしても、生物の種社会に見られる秩序にしても、それらは、統合力の表出されたものじゃ。それと同じように、人間の抱く統合力は、人間の行動に秩序と調和をもたらすことになるんじゃが、その行動を規制しておる心を道徳心として感じておるんじゃ。

私　そうか、そういうことなのね。私たちが道徳心として感じているものは、人間の抱く統合力の調和を保とうとする力だったのね。要するに、私たちは、道徳心とか良心とか、言葉で心の状態を表現しているけれど、その言葉が意味している心の世界の根源を探求してみると、それは、全体を一つのものとして、調和の世界を作ろうとする統合力に根差した心の世界ということになってくるのね。

ジー　その通りじゃ。

私　ということは、人間以外の生物の本能行動も、その生物の心の中をのぞいてみると、人間の道徳心と同じようなものなのかもしれませんね。その心を、人間は意識できるから、それを道徳心と感じているということね。

ジー　そうなんじゃ。道徳心にしても、愛にしても、論理的思考にしても、その根底には、調和と秩序の心の世界が広がっておる。お前さんがいま言ったように、生物の本能行動も、人間の道徳心と同じように統合力に根差したものじゃ。生命の内に、その秩序を生み出す根源的なものがあり、すべての内をそれが貫いておるから、この宇宙も生物の世界も秩序と調和に満ちたものになっておるんじゃ。秩序のない世界に秩序が生まれてくることなどあり得ないことじゃ。それは、無から有を生み出すのと同じようにまったくばかげた話じゃ。

私　そうなのね。秩序というのがもともと存在していなければ、何もないところから秩序など生まれてくることなどあり得ないですよね。

ジー　人間社会には法というものがあるじゃろう。その法にしても、もともと人間の心の世界に、善悪を判断する基準があるから生まれてくるもので、その基準を生み出しておるのが統合力の抱く秩序なんじゃ。

私　なーるほど、そうですよね。法とか道徳といったものの源は、人の心の内に始めから抱かれているものなのですよね。

ジー　それと、科学が作り上げてきた法則や理論が存在しておるということ自体、この宇宙が物理的現象から生物の行動様態に至るまで、きわめて統制のとれた秩序が保たれていることを物語っておることになるんじゃ。そして、それは、自然界の内に、全体を一つに統合しようとする統合力が存在しておることの証拠でもある。

私　ジーの説明で、統合力というのは全体を一つに統合する力であり、その統合力が、すべてのものの内を貫いていて、それが秩序をもたらしているというのはわかってきたのですが、その統合力、ジーの譬えでいうと一つの台地ということになりますが、それを物理学の係わる一番基本的な台地として考えてみるとき、その物理学と統合力との係わりは、どんなふうになっているのでしょうか？　確かに引力という力があることは物理学の教科で習ってきているのでわかるのですが、それと統合力との係わりはどうなっているのでしょうか？

ジー　先にわしが言ったように、この世は、見える世界と見えない世界の二つの世界でできておる。そして、見えない世界にあるものが見える世界のものを生み出しておるというのは、理解してもらえたじゃろ。その係わりは物理の世界においても同じように貫かれておって、宇宙における星々や惑星の動きも、目に見えない統合力によるものなんじゃ。その統合力は、これまで語ってきたように、時間と空間を超えた世界にあって、全体を一つの調和したものにしておるんじゃが、それが、時間と空間に支配された目に見える世界には、物理学が見出した力としてとらえられてくるんじゃ。ただ、その力が、物理学のとらえた引力だけでは、どうも完全ではないんじゃが。

私　それってどういう意味ですか?

ジー　もし、この宇宙を作り上げておる力が、引力だけなら、それはブラックホールのようなものは生み出せたとしても、銀河やわれわれが住んでおる太陽系のようなものは生み出せなかったじゃろ。統合というのは、全体で一つの調和した世界を作り出しておるから、そこにはどうしても引力だけではなく、引力とは反対の斥力が必要なんじゃ。この引力と斥力というのがバランスをとってこの宇宙を作り上げておるのではないじゃろか。要するに、引力と斥力というのは、相反する二つのものではあるけれど、その相反する二つのものによって、全体で一つのものを作り上げておるということじゃ。それは、中国思想の陰陽二元論のように、相対峙する二つのものが全体で一つのものを作り上げておる思想と相通じるものがあるようにジーには思えるのじゃ。

私　でもジー、私の理解では、ビッグバンの時の大きな爆発によって、四方八方に放散した物質が、膨張しようとする初期の力と引力との係わりで、銀河や太陽系を生み出したということで、現在この宇宙を支配しているのは引力だけのような気がするのですが。

ジー　そうじゃな。普通の教育を受けてきた者なら、だれもがそう思うじゃろう。でもな、統合力の観点からすると、どうしてもこの宇宙は引力と斥力のバランスの中で統合されておるとしか考えられないのじゃ。それと、この宇宙について科学者が探究していけばいくほど、この宇宙がきわめてよく調和した世界になっておって、そのことを裏付けるようなことが宇宙物理学の世界で次々に発見されてきておるんじゃ。

私　へー、それってどんなことですか？

（四）

ジー　一つは、この広大な宇宙が、あまりにも均質で、バランスのとれた存在であるということじゃ。夜空を見るとたくさんの星が輝いていて、そうした星からはさまざまなエネルギーが地球上に降り注いできておるんじゃが、そうしたエネルギーの中に、マイクロ波背景放射とよばれておるものがある。これはビッグバンが起きた時に生まれた光の残像であると考えられておるんじゃが、その宇宙からやってくるマイクロ波背景放射のエネルギーがどの方向からでもきわめて高い精度で同じなんじゃ。

私　へー、そうなんだ。ビッグバンが起きて一三八億年でしたっけ？　そんなにも時間がたっているのにもかかわらず、あらゆる方向で均質というのは、なんだか不思議というか、驚きですよね。

ジー　そうなんじゃ。で、こうした均質さが生まれてくるためには、ビッグバンの起きたその時から、物質と放射が何らかの理由でほぼ完全に一様な状態で生成したとする以外にはないらしいのじゃ(39)。宇宙物理学者たちはこの問題を地平線問題として、長い間、その原因について模索してきた。

私　そうなんだ。素人の私には、その状況をちょっと想像できないですけど、とにかくこの宇宙は、それほど均質な状態で生まれたということですね。

ジー　そうじゃな。そして、均質というのはそれだけではない。アインシュタインの重力理論によると、重力の存在は空間のゆがみとなって現れるため、ブラックホールや銀河というものの存在は、空間をゆがめ、宇宙空間は必ずしも平坦とは限らない。むしろ湾曲しておるのが普通なんじゃが、この宇宙はきわめて高い確度で平坦になっておるというんじゃ(39)。そして、その平坦さを保つためには、ビッグバン以降、宇宙の膨張速度と、宇宙のエネルギー密度とが完璧なまでにバランスをとり続けていなければいけないらしいんじゃ(39)。この問題は、平坦性問題と呼ばれ、なぜ、ビッグバンの時に宇宙はこのように、ビッグバンから一三八億年も経った後でも高い精度で均質な状態に保たれ続けておるようなバランスをとった状態で生まれたのか、宇宙物理学者たちは、先の地平線問題と同様に五十年近くもの間、これらの問題に頭を悩ませ続けてきておるんじゃ。

私　この宇宙は、そんなにもバランスの良い状態で生まれてきているんだ。そして、今でも、そのバランスを保ちながら変化しているということなのね。

ジー　そうなんじゃ。ただ、この問題も、二十世紀の終わりに提唱されたインフレーション理論によって、理論的には解決されてきたんじゃが、そうなると、今度は、この宇宙を、今言ったように、きわめてバランスよく保たせておる物理定数に関して、今ある値である必然性に新たな疑問符が投げかけられるようになってきた。

私　えー、それってどういうことですか？

ジー　お前さんも高校で習ったと思うんじゃが、ニュートンの見出した重力定数というのも、原子を作り上げておる電磁力と係わったいくつもの物理定数にしても、それらの値が今ある値からほんの少しずれただけで、この宇宙はもちろん、原子や分子も形作られなくなってしまうし、ましてや、生物も、そして人間の誕生もまったく望めはしなくなってしまうんじゃ。だから、そうした物理定数に必然性を与える考え方として、宇宙物理学者たちは、人間原理という原理まで持ち出すことになってしまったんじゃ[40]。

私　その人間原理というのはいったいどういう原理なんですか？

ジー　今言ったように、宇宙物理学者たちが、この宇宙の成り立ちを調べていけばいくほど、この宇宙がきわめてよく調和した状態で出来上がってきておることがわかってきた。それほどまでにバランスをとって生まれてきておるこの宇宙を、いったいどう考えたらいいのか。そこで提案されたのが、人間が誕生するようにこの宇宙は作られてきたとする人間原理なんじゃ。

私　それって、人間が誕生するようにこの宇宙ははじめから設計されていたということなんでしょうか？

ジー　そうなんじゃ。だから、この原理が言われ始めた頃は、この原理が、科学者が一番嫌う目的論的考えになっていたために、多くの物理学者は、この考えを受け入れることはしなかったんじゃ。

私　そうでしょうね。物理学者はそんなふうには考えないでしょうね。

ジー　ところがじゃ、物理学者たちが、宇宙の成り立ちに関して、さまざまな理論を用いて計算してくると、この世には、とてつもない数の宇宙が存在しておって、――これは多宇宙論と呼ばれておるんじゃが、その一つの宇宙が、たまたま人間が誕生してくるのに適したわれわれの住むこの宇宙になっておるという考えを出してきたんじゃ。すなわち、さまざまな物理定数を考えていくと、人間が誕生してくるにはあまりにも確率的には低い、きわめて統制のとれた状態がわれわれの住むこの宇宙なんじゃが、その低い確率以上にたくさんの宇宙が存在しているために、そのうちの一つの宇宙にたまたま人間が誕生することのできる条件がそろっていたのだとして、先の人間原理を目的論的解釈から、科学的解釈へと引きもどしたのじゃ。要するに、それだけ、このわれわれの住む宇宙は、調和に満ちておるということじゃ。

私　なーるほどね。でも、その原理、なんだかとってつけたような、因果が逆のような、こじつけ的な原理のように思えないこともないですね。

ジー　そうなんじゃ。科学者というのは、こうした問題に直面しても、あくまでも目に見える現象の世界だけで解決しようとさまざまな理論を打ち立て、それらを証明しようとしておるのじゃが、外を見る目だけでそうした問題をいくら解決しようとしても、次から次へと不可解な問題が起きてきて、真理にはたどりつけないのじゃ。そうした問題の根底には、全体を一つに統合しようとする見えざる統合力の存在があるだけなんじゃ。見える世界では、複雑に変化しているこの宇宙、でもその変化を全体で一つの調和したものに作り上げておるのは、見えない世界にある統合力の存在だけじゃ。そのことは、綱渡り師とその綱渡り師の持つ竿の変化との係わりに譬えることができる。

（五）

私　綱渡り師と竿ですか？

ジー　そうじゃ。綱渡り師は、綱の上に安定に身を置いておくために、竿を右に左にと傾けおる。時々刻々と変化する環境の中で、身を安定に綱の上に留めおくために、竿は絶えず複雑に変化しておる。でも、その複雑に見える変化も、綱渡り師の心の世界では、全体を一つに調和させようとするバランスの中にあるだけじゃ。要するに、目に見える世界には複雑に見える変化も、そして、それを科学的に見れば、きわめて統制のとれた、可能性のきわめて低い調和の中にあるとみえる状態も、綱渡り師の心の世界、すなわち目には見えない内なる世界においては、全体を一つに調和させようとする心の働きがあるだけじゃ。

私　なーるほど。確かにそうね。綱渡り師の持つ竿の動きだけを見ていれば、時々刻々、瞬時的に絶えず変化していて、きわめて複雑な動きに見えますよね。でも、綱渡り師の心の世界というか、内的世界に目を移していくなら、そこにあるのは、綱の上に身を置き続けようとする全体で一つのバランスを生み出しているただ一つの心だけですよね。

ジー　そうじゃな。科学者は外からしかものを見ていないから、綱渡り師の内に秘められた調和の世界が見えない。だから、綱渡り師が綱の上にバランスのとれた状態のまま、時々刻々と変化していく様子を科学者が論理的に理解しようとすると、目に見える現象の世界から分析をすることになり、そこからは、時々刻々と変化する多様な分析結果が生まれてきてしまうことになるんじゃ。内なる世界を無視したことで生まれてきたのが人間原理であり、多宇宙論なんじゃ。

私　なーるほど、そういうことなんだ。以前、ジーが、科学は、お月様を見て云々しているようなものだと言っていましたよね。月は丸い球体だけど、それを外から見ていると、まん丸な満月として見えたり、さまざまな形の三日月に見えたり、ある時は、まったく見えなくなってしまったりと、月そのものがさまざまな形のものに見えてくる。そして、その中の一つだけ、すなわち満月だけがバランスの取れた調和の世界だとして認識されてくるということね。さっきの多宇宙論というのは、月を外から見ていることで起きてくるさまざまな状態を単に記述しているだけで、本当の月は、ただ一つしかないものなんですよね。それと、その真ん丸な月にしても、確かにそれは、バランスをとった何のひずみもないように見えるけど、それは外から見ているものであって、本当の月を見てはいないということね。

ジー　お前さんの言う通りじゃ。

私　内からものを見るというのがようやくわかってきた気がします。要するにこの宇宙はすべて見えないものによって調和が保たれていて、それを科学者は見える世界だけで分析しようとしているから、複雑に見える世界を作りだしてしまうのと同時に、この宇宙があまりにも調和した世界であることに驚いてしまうというわけね。

ジー　その通りじゃ。この宇宙はただ一つ、調和と秩序を保つ宇宙が一つあるだけじゃ。それと、さっき引力と斥力のことで語り始めたんじゃが、これまでの物理学では、お前さんが言うように、引力だけが支配的としてきたんじゃが、近年の宇宙物理学では、斥力をも考慮しなくてはこの宇宙の状態を正しく説明できなくなっておるらしいのじゃ。

私　へー、そうなんだ。ジーの言う通りなんだ。

ジー　というのはな、この宇宙は今もなお膨張を続けておるそうなんじゃが、その宇宙の膨張の様子が詳細に分析されてくるにしたがって、この宇宙が今の状態で膨張を続けておるためには、引力だけではなく、斥力の存在が不可欠なんだそうじゃ。そして、その斥力を生み出すものとして、まだその正体がとらえられていないダークエネルギーというものの存在を考えざるをえないらしい(41)。

私　へー、そうなんだ。

ジー　ジーにはもうその辺のことに関してはちんぷんかんぷんなんじゃが、ただ、いえることは、見えるものは見えないものによって生み出されておるという基本の考えに立ってこの宇宙の営みを見てみると、統合力に支えられた宇宙は、目に見える世界では引力と斥力とがバランスをとって存在していなければおかしいということだけじゃ。だから、科学者は先の地平線問題にしても、平坦性問題にしても、それらの根拠をビッグバンの起きた一時点だけに集めてしまい、そこに理論的なものを作り上げようとしておるのじゃが、統合力の世界から見れば、時々刻々変化する中で、統合力が、絶えず全体を一つの調和した世界にしようと働いているだけなんじゃ。

私　そうか。物理学というのは、ある一時点に起こったことに因果の原点を置いていて、時々刻々と調和の世界が作り上げられているなどとは考えないんだ。

ジー　そうじゃ。絶えず調和の世界を維持しようとしておるのは物理的な世界だけではなく、人間の体にしても、呼吸し、血液が流れ、時々刻々変化する環境に即して、全体で一つの調和した世界を維持し続けておる。それは絶え間のない生命の営みであり、先の綱渡り師の綱の上に身を留めおこうとする心の働きそのものなんじゃ。その綱渡り師の竿の動きにしても、一方向だけでは、バランスをとることができなくなってしまうじゃろう。右に行くときもあれば、左に行くときもある。それこそが、統合力に基づいた目に見える世界での現象なんじゃ。

私　とすると、一三八億年前、何もなかったところから、ビッグバンによってこの宇宙が生まれたとしていますが、そうではなかったかもしれませんね。

ジー　どういうことじゃ。

私　それは、ジーが言うように、統合力は時空を超えた世界にあるので、もっとも初期の統合力が誕生した時、時空の支配する私たちの目にする世界には、無限の空間の中にもっとも初期の物質が一斉に誕生することになったのではないでしょうか。それらが引っ張ったり、引っ張られたりしている。人が手を取り合って一列に広がっているとするでしょう。あるところで引っ張り合うと、あるところでは伸びてしまいますよね。それと同じように、あり続けている宇宙が、無限の広さに広がっていて、調和を保ちながら、伸びたり縮んだりしている。その宇宙の一部に私たちは住んでいて、私たちが見ているこの宇宙は、今は伸びている宇宙であり、それをとらえているのが、物理学が明らかにしてきているビッグバンと思える現象なのではないでしょうか。そして、私たちが観測できないところでは、逆に縮んでいる宇宙がみられるのかもしれません。

ジー　そうかもしれん。

（六）

私　ジーの説明で、この宇宙が、統合力に支えられ、それが現象の世界では、引力と斥力としてとらえられ、全体でバランスのとれた宇宙ができあがっているということがわかってきました。だとすると、すでに前におっしゃったように、光のようなものにも、統合力があるということでしたけれど、光や電子のような素粒子といわれるものの中にも統合力があるということは、この世の中にある森羅万象の内に、統合力は存在しているということになりますよね。だから、いつから心が生まれたとか、いつから生命体が生まれたのかということの議論は、意味のないことになってしまいますね。だって、素粒子の時からすでに統合力、すなわち内的世界が存在しているのですから、この世のものすべて、始めから心があったということですものね。

ジー　その通りじゃ。だからじゃ、哲学の世界で難問中の難問といわれておるその心と係わった問題も、問題ではなくなってくるんじゃ。

私　それって、どんな問題なんですか？

ジー　哲学の世界では、原子や分子のような内的世界のない物質が集まって出来上がっておる脳から、どうして物質ではない意識が生まれてくるのかが不可解な問題として議論されておって、それを意識のハード・プロブレムと呼んでおるんじゃが、素粒子の時からすでに内的世界が存在しておるということを考えると、その難問も自然に解けてしまうじゃろう。

私　そうか、そうですよね。素粒子の時からすでに内的世界が存在しているのですから、意識は、その延長上にしっかりと生まれてくるということは、推測できますよね。

ジー　そうじゃな。そうするとどうじゃ。生命の進化が、目には見えない統合力の進化であることが、すべてを貫いて見えてきたのではないじゃろか。光のような素粒子にも統合力がある、原子や分子を形作るものの中にも統合力がある、そして、この無数の星が輝く宇宙をも全体を一つにまとめ上げている統合力が貫かれておる。そうした統合力は、生命によって次々に生み出されてきて、新たに誕生する統合力は、既存のものをあたかも部品のように用いて新たなものを誕生させてきた。DNAの統合力の誕生は、既存の原子や分子を用いてDNAを誕生させたし、多様な遺伝子の統合力の誕生は、そうしたDNAを部品として、多種多様な遺伝子を誕生させてきた。さらに、新たな生物の統合力の誕生は、そうした多様な遺伝子を用いて、個々の生物のゲノムを誕生させ、新たな生物を次々に誕生させてきた。だからDNAのもつ記号性もバクテリアから人間まで同じであるし、下等生物にある遺伝子の多くが高等生物のゲノムの中にも存在しておることになるんじゃ。

私　なーるほど、わかってきたわ。自然の営みというか、生命の営みというのが人間の営みよりシンプルだと言っていたジーの言葉が今ようやくわかってきました。素粒子が生まれ、原子が生まれ、DNAが生まれ、遺伝子が生まれというように、基本となるものから階層的に順々に出来上がってきていて、そうしたものすべてに統合力が内在しているから、新たな統合力の出現によって既存のものが自律的に集り、統合力の求めるものができあがってくるということね。

ジー　そういうことじゃ。お前さんも指摘してくれたように、統合力の進化は、階層的なんじゃ。先に統合力を台地に譬えたんじゃが、そうした台地が階層的になっておって、素粒子の誕生から、原子、分子の誕生、DNAの誕生、遺伝子の誕生へと導かれ、やがて、動物界の統合力の誕生によって動物の基本となるゲノムが生み出され、さらに門を生み出す統合力が誕生して、多様な門が誕生し、続いて綱の統合力の誕生によって多様な綱が生み出されてきたのじゃ。どうじゃ、ここで何か気付かないかのー。界が生まれ、門が生まれ、綱が生まれ……。

私　うー、何も浮かんできませんが。

（七）

ジー　じゃ、思い出してもらおうかな。前に、カンブリア爆発で、ダーウィンの進化論では説明のつかない不思議なことが起きておるということを言ったじゃろう。ダーウィンの進化論に従うならば、始めに生まれてくるのは、単純な生命体で、それも、互いに似たもの同士が生まれてくるはずじゃな。ところが、実際には、カンブリア爆発が物語っておるように、きわめて短い間に、まったく異なる多くの門が生まれてきておったじゃろう。それを、あの時には、不思議なこととして、そのままにしておいたのじゃが、どうじゃろか。さっき言ったように、生命の進化は、統合力の進化であるということから見ていくと、始めに門が生まれてくることが、不思議なことではなくなってくるじゃろう。

私　そうか、そう言われてみれば、統合力の進化という流れから見れば、門が先に生まれてくるのが自然なのね。素粒子と係わる統合力が生まれ、原子や分子と係わる統合力が生まれというように、基本となるものがまずは生まれ、だんだんと緻密になっていく。だから門のように大きな枠の方が先に作られ、その後で、綱、目といったように、だんだんと枠を狭めながら、緻密な生物が生まれてくるということですよね。そういうことですよね。それは、非常によくわかるわ。

ジー　だから、よくダーウィンの進化論は木の枝が分かれていく系統樹で表現されておって、一番初めに種があって、それがだんだんと枝分かれしていき、多様な種が生まれ、それらを分類していくと、科になり、目になり、門になっていくとしておるが、その系統樹は、本末が転倒しておるということじゃ。実際に起きておった生物進化は、古生物の化石が物語っておるように、始めに門が生まれ、次に綱が生まれというように、系統樹で描くと、大地に近い幹は門ということになり、その門の上に生まれてくるいくつもの枝が、綱になり、さらにその枝の先の枝が目になるというように、ダーウィンの考えたものとはまったく逆なものになっておるということじゃ。

こんなふうに、統合力の観点から見てくると、生物の進化の様子が矛盾なく説明できてきおるんじゃ。そして、すべての生命体が、統合力の存在によって、互いに影響しあい、全体として調和した世界を生み出しておるんじゃ。

私　なんだか、統合力の存在というのがわかってきたような気がします。だから、植物も、動物も、昆虫も、皆それぞれがそれぞれのあるように存在していることで、全体としての生態系が調和したものに必然的に保たれているということですね。

ジー　そうじゃ。生物学者の中には、植物も、動物も、昆虫も、すべてのものが調和した世界を作っておるとして、お前さんのいうように、生態系というものを考えておるようじゃが、その生態系は、なにも生物だけに限られたものではなく、この地球、さらには、宇宙、すべてを含んで、一つの統合された生態系が自然に作られておるということじゃ。そのことが、まさに、この宇宙が見えざる統合の世界によって生み出され、維持されておるということを物語っておることにもなるんじゃ。

私　地球も生命体であるというガイアの思想の根底には、ジーのおっしゃる見えざる統合力の存在があり、そのことを生物学者の中には直観としてとらえている人たちもいるということですね。そして、私たちが注意しないといけないことは、バランスの取れた生命の営みの中に、人工的に手を加えて、生態系を壊してしまわないことですね。

ジー　その通りじゃ。

第七部

人が人として生まれてきたことの意味

（一）

ジーとの語らいで、人間誕生の秘密、そこから浮かび上がってきた生命進化の真相がかなりはっきりととらえられるようになってきた。始めはダーウィンの進化論が、世間の常識のように私の心にこびりついていたけれど、ジーとの語らいによって、次第にそのメッキがはがれ、生命進化の真の姿が、自分自身でも納得できる形で理解できるようになってきた。生命の営みを正しく理解するためには、時間と空間とを超えた世界の存在を知らなければならないというジーの教えは、今まで漠然としていた私の生命観の中に、はっきりと意識できるくさびを打ち込んでくれたように思う。ただ、こうしたことがわかってくるにしたがって、生命進化の根幹をなしている統合力の誕生について知りたくなった。統合力はどのようにして誕生してくるのだろうか？　そして、人間誕生が偶然によってではなく、そこには何らかの必然性がありそうなことがわかってきたことで、一番始めに私がジーに投げかけた、人間は何のために生まれてきたのか、生きることの意味はなんなのか、そして、死んだら私はどこに行ってしまうのか、といった肝心なことについてあらためて質問してみることにした。

私　これで、人間の誕生にまつわる生命の営みのかなりのことがわかってきたような気がするのですが、こうしてさまざまなことがわかってくると、最後にまた一つわからないことが頭を持ち上げてきたようです。それは、種を形作る、そして、人間を誕生せしめた統合力はいったいどのようにして生まれてきたのでしょうか？

ジー　それは、正直ジーにもはっきりとは答えられないんじゃが、ただ、人間の創造的な営みを考えてみると少しは理解されるかもしらん。人間が何かを生み出そうとする時、必ずそれと係わったイメージが浮かぶじゃろう。車を作ろうとすると車のイメージが、飛行機を作ろうとすると飛行機のイメージが、時計を作ろうとすると時計のイメージがといったように、何かを作ろうとすると必ずその前に、そのイメージが湧き起ってくる。そのイメージは、人間の抱く創造性によってもたらされるものじゃが、そのイメージは、設計図を作る源になるじゃろうし、その設計図によって、どんな部品が必要で、その部品をどのように組み合わせるのかも見えてくる。これは人間が何かを生み出す時のプロセスじゃが、それと同じようなことを生命はやっておるのではないじゃろうか。

私　ジーのおっしゃる人間の創造の営みは理解できるのですが、それと同じようなことを生命がやっているというのは具体的にどういうことなのですか？

ジー　要するに、生命は、絶えず全体を一つに統合し、調和した世界を作ろうとしておるのじゃが、その統合する力の内に創造性をも秘めており、その創造性が基盤となって、人間が車や飛行機のイメージを浮かべるように、次々に新たな統合力を生み出してきたのではないじゃろか。人間の創造性が変わることのない統合力、すなわち共通感覚にあって、その共通感覚によってさまざまなイメージが生み出され、多種多様な道具や機械といったものが作られてきておるように、内に創造性を秘めた生命が、次々に統合力を生み出してきたのじゃとジーは思う。

私　でも、ジー。自然というか生命が人間のような創造性をもっているのでしょうか？

ジー　そういう質問は当然出てくるじゃろうな。でも、それは、本末転倒の質問ではないじゃろか。というのは、人間に創造性が与えられておるということ自体、統合力の源、すなわち生命そのものに創造性が秘められておることの証拠に他ならないからじゃ。生命に創造性が秘められておらなかったら、人間が抱いておるような創造性はもちろん生まれはしなかったじゃろうし、人間も生物も生きていくことなどできなくなってしまうじゃろう。

私　人間に創造する能力があることが、生命そのものに創造性が秘められていることにつながるというのはなんとなくわかるのですが、創造性がなかったら人間も生物も生きていくことができなくなってしまうというのはどういうことなのですか？

ジー　それはじゃな、創造性というのが、なにも人間が考えたり、機械や道具を創造したりすることだけに限られたものではなく、環境に即して臨機応変に生きていくのも立派な創造活動だからじゃ。川があれば渡れるかどうか判断するし、敵に遭遇すれば、逃れるすべを考える。寒い時には暖かいところ、温かいものを求めて行動する。それらはどれもこれも創造性がなければできないことじゃ。ま、人間以外の生物に創造性という言葉は大げさだというなら、知恵とでも表現しておこうか。

私　そうなんだ。創造というと、なんだか人間が道具を作ったり、芸術活動をしたりと、人間だけに特有なものと思っていたのですが、生きているというのはすべて創造の営みということなのですね。そして、それは生物に与えられた知恵ということですね。

ジー　そうじゃ。すべての生物の内に創造性を発揮する知恵が秘められておるから、生命活動を行うことができておる。そして、すべての生物に、そうした創造性が秘められておるのは、もともとこの宇宙を育んできた生命に創造性が秘められておるからなんじゃ。さらに重要なことは、前にもちょっと触れたことなんじゃが、人間の創造性が生み出す道具や機械といったものの内には、創造性を秘めることはできないのじゃが、生命の生み出す統合力の内には創造性が秘められておるということじゃ。

私　なるほど。そういうことですか。だから、素粒子から動物まで自律的な営みができているということですよね。そして、それは、生物における本能的営みをも生み出しているということですね。

ジー　その通りじゃ。でも、その生命が、どのようにして創造性をもつようになったのか、それは、もはやジーにもわからない。それは人間の力を超えてしまっておる。われわれは、ただ、生命は、創造性であふれておって、それは生まれることもなくなることもなく、ただあり続けておるものだとしか言えないじゃろう。

私　そうか、そうですよね。創造性というのは、生命そのものであり、その誕生を云々することは、人間の能力を超えてしまっていますよね。

ジー　そうじゃな。

（二）

私　これまでのジーの話を聞いていて、生命の営みがきわめて統制の取れた美しいものであることがわかってきました。そこにあるのは、全体を一つに統合しようとする調和の営みと、新たなものを生み出そうとする創造の営みだけ。調和と創造との両輪によって、この世界は形作られてきたし、私たちの心もその調和と創造とによって動かされているのね。そして、見えてきたことは、私たちの目がとらえる見える世界も、私たちの心の内にある見えない世界も、ともに調和のとれた世界が展開しているということなのね。

ジー　その通りじゃ。これまで語ってきたように、科学が探究してきた世界は目に見える世界、それは科学が明らかにしてきているように、秩序ある調和のとれた世界じゃ。それに対して、目には見えない心の世界がある。それは、宗教や哲学と係わっておるんじゃが、その世界の営みが愛であり、良心や道徳心としてとらえられておるような、これもきわめて調和のとれた営みじゃ。見える世界と見えない世界に、そうした世界を作り上げ、調和と創造とを秘めたものこそ、生まれることも消え去ることもなくあり続けておる生命そのものなんじゃ。

私　そういうことですよね。あり続けている生命の本質として、それは常に調和と創造の営みを続けていて、それは時間と空間を超えた世界にあるということなのね。それに対して、その生命の営みを私たちは目に見える時間と空間の支配する物質の世界でとらえていて、その世界も科学が明らかにしてきたように調和に満ちているということね。

ジー　そうじゃ。そして、生命が調和と創造とを内に秘め、始まりも終わりもないものであることは、これまで人類の歴史の中で、聖人といわれる人たちが、繰り返し語ってきたことじゃ。聖書の世界ではそれは神と呼ばれ、仏教の世界では仏と呼ばれ、インド密教であるバガヴァッド・ギーターの中ではブラフマンと呼ばれ、中国思想では道と名付けられた。

私　そうなんだ。言葉は違っても、古代、聖人と言われた人たちが到達した世界は、まさにあり続けている生命そのものだったのですね。

ジー　そうなんじゃ。森羅万象の内には、創造性を内に秘めた統合力が貫かれておる。その統合力は、あり続けておる生命から生み出され、その生命に根差したものじゃ。確かに、われわれの肉体は消えてなくなっていく。でも、その肉体の内を貫いておる生命は、あり続けておる。だから、われわれは、今を生きながら、悠久な世界で生きておることになるんじゃ。そして、そのあり続けておる生命は、悠久な私でもある。その悠久な私は、人を愛することによって自分自身の心の内に自然に湧き上がってくるものなんじゃ。汝の隣人を愛せよという教えも、あり続けておる生命への導きなんじゃ。

私　そうなのね。だから、愛は死をも超えてしまうんだ。

ジー　そうじゃな。だから、お前さんが生きることの意味を求めて眠れなくなるほど悩むのは、生命そのものが、お前さんに、お前さんの命はあり続けていることを知らしめようとしておることなんじゃ。そして、物質があり続けておる生命から生み出されてきたように、われわれの肉体にしてもあり続けておる生命によって生み出され、そのあり続けておる生命が一人ひとりの肉体の内をも貫いておる。そのあり続けておるものを心の世界で私と感じ取っておる。だから、私は、あり続けておる生命、決してなくなることのないものなんじゃ。今こうして話しておるわれわれ自身、決してなくなることのない生命に抱かれ、悠久な世界の中に心を置きながら、絶えず変化していく物質的な世界と係って生きておるんじゃ。

（三）

私　生命があり続けていること、その生命から人間が生み出されてきたこと、そして、生命は、その人間をして生命の悠久性に気付かせようとしていること、こうしたことがわかってきて、はたと不可解な問題にぶち当たってしまいました。確かに生きることの意味を考えることが、心の内から自然に湧き上がってくるのですが、そうした生きることの意味を一人ひとりの人間に考えさせる必然性というか、その源はいったいどこにあるのでしょうか？　長い時間をかけてさまざまな生物を誕生させ、さまざまな環境と係わりながら、最終的に人間を誕生させた。その必然性の源はどこにあるのでしょうか？　たまたま人間が生まれてきたのではないという必然性はいったい何に由来するのでしょうか？

ジー　とうとう究極の問題になってきてしまったの〜。それはじゃな、生命は、はじめから最終目的を抱いておるということではないかと思うんじゃ。

私　それってどういうこと?

ジー　生命の最終的な目的は人間を誕生させることだったのじゃ。

私　ということは、素粒子の誕生も、原子の誕生も、地球の誕生も、ＤＮＡの誕生も、そうしたものすべてが、人間を生み出すことをあらかじめ目的として形作られてきたということなんでしょうか?

ジー　その通りじゃ。

私　でも、そんな先を見込んで、生命の営みは行われているのでしょうか。なんとなく、最初は単純なものを生み出し、そのあと次のものが新たな環境との係わりで生み出され、その次にまたというように、人間が近代化の道を歩んできているように、生み出されたものが新たな環境となり、また新たなものを生み出す。そんな営みのように思えるのですが。

ジー　そこじゃな。そう考えるのは、まだお前さんが時間と空間とによって支配されている世界の中で物事を考えておるからじゃ。

私　えー、それってどういうことですか?

ジー　いいかな。前にも言ったように、時間と空間とを超越しておる生命の世界においては、イメージというのは、一瞬のうちに出来上がっておる。それを時間と空間とが支配する世界に表現していこうとすると、単純なものから、だんだんと複雑なものへと変化し、最終的には、最後の目的にたどり着くんじゃ。

私　それはわかるんだけど、でも、始めから人間を作る目的で、さまざまなものが生み出されてきたというのは、どうしても考えられないんですけど。

ジー　そうじゃな。でもな、人間の営みを少しばかり考えてみると、今ジーが言ったことが理解されるのではないじゃろか。たとえば、車を作ることをイメージしてもらおうか。そのイメージが始めに作られると、それに必要な部品が単純なものから複雑なものへと次々に生みだされてくるじゃろう。始めに車という、最終目的がイメージされておるから、それに必要なものが、単純なものから複雑なものへと生み出され、そうしたものが秩序良く組み合わさって、最終的に車が完成しおる。生命の営みも、それと同じことをしておるのではないじゃろか。いやむしろ、生命の抱く創造性がそうした営みをしておるから、人間の中に流れる創造の営みもそうなっておるのではないじゃろか。要するにじゃ、始めに目的がなかったなら、何も生み出されてはこないということじゃ。

私　ふーむ。そう言われてみれば、そういう考え方もできますけど。

ジー　聖書のことは詳しくは知らないんじゃが、聖書の始めに書かれておる創世記とかいったじゃろうか、そこには、神は神に似せて人間を創造されたと書かれておる。そして、そこには、植物や動物など、すべての生物を人間に支配させようと書かれておる。聖書に書かれておる言葉を信じるなら、あり続けておる神としての生命は、人間に役立つように植物や動物を生み出し、最終的に人間を生み出すために、その創造的営みをやってきておるのではないじゃろか。そして、それは、これまでに語ってきたことと少しも矛盾してはいないようにジーには思えるのじゃ。だからじゃ、人間だけが生きることの意味、生まれてきたことの意味を考えるんじゃ。

私　人間だけが生きることの意味を考えるということが、生命の営みが、必然的に人間を誕生させることだったこととどう結びついてくるのでしょうか？

ジー　それはじゃな、生命は先に言ったように、始まりも終わりもなくて、あり続けておるものじゃが、その生命の内には創造性が秘められておって、その創造性の働きによって、人間を誕生させ、その人間だけに与えた自ら考えるという能力を用いて、生命自身を覚知させようとしておるのじゃ。生命が、人間をして、生きる目的を考えさせることで、人間に与えた知恵を自ら高め、その高めた知恵によって自分自身が悠久な生命であることを覚知させようとしておるのじゃ。それは、古代人が生命のシンボルとして描いた蛇が自分の尾を飲み込んでおるウロボロスそのものじゃ。生命からしてみたら、始まりも終わりもなく、ただ、無意識を意識化している営みがあるだけなんじゃ。

私　そうか。なんとなくわかってきたわ。そうなんだ、私がだれに教わるのでもなく、自然に生きることの意味を考え、悩み、そうした悩みは、私だけのものではなく、ジーが教えてくれたように、ギリシア時代の哲学者たちも、皆そのことで悩んでいた。ということは、そうした悩みは、人間であれば誰もが抱く悩みであり、その悩みを解決するための努力こそが、生命の欲求であるし、ある意味天命ということになってくるんですね。そして、それは、ジーが言う、無意識を意識化するための努力ということになってくるんですね。

ジー　そういうことじゃな。そうすることによって、始めは意識のない世界にあった生命そのものが、人間を誕生させ、その人間の抱いておる意識によって、自分自身、すなわち生命自身を覚知する、まさにウロボロスの営みをやっておるということじゃ。

（四）

私　生命というのがあり続けているものであり、その生命から必然的に人間が生み出されてきたということはわかってきたのですが、そして、私というのもあり続けているという気がしてきたのですが、でも、人間死んでしまいますよね。それは目に見える世界で確実に起きていることですよね。でも、これまでジーが話してくれたように、私はあり続けている。死というのとそのあり続けている私というのは、どう係わってくるのでしょうか？　そして、それは、私が始めに抱いていた、死んだら私はどこに行ってしまうのか、という疑問になってくるのですが、そのことに関して、ジーはどう考えていらっしゃるのでしょうか？

ジー　お前さんのその質問に答えるために、死についてちょっと考えてみることにしよう。まえに、セミの生死に関して話したことなんじゃが、セミが鳴いている時には、セミは生きていると思えるんじゃが、動かなくなったセミは、生きていないと。それは人間にしても同じで、心臓も肺も動かなくなってしまった人間は、そこに肉体は元のまま横たわっておっても、それは生きてはいない、すなわち死んでしまっておると判断される。では、生きていた時、心臓を動かし、肺を動かし、そして、考えたり、語ったりしたその源は何だったんじゃろうか？

私　えー、何なんだろう？　それって、ひょっとして、これまで話してきた目に見えない統合力ということですか……？

ジー　そうじゃ。あり続けておる生命によって生み出された人間としての統合力が、肉体という目に見えるものの内にあって、人間活動を行っておる。その肉体は、これまで話してきたように時間と空間とに規定された世界にあるものじゃから、始まりと終わりが存在しおる。そして、それは、遺伝子が物語るように祖先との係わりで生み出されてくるものじゃ。でも、心の世界はそうした時間と空間の世界から離れておってあり続けておるものじゃ。だから、死によって肉体は消え去っても、その肉体に宿った心の世界はあり続けておって、それを霊と一般社会では呼んでおるのじゃろう。

私　ということは、霊は目に見えない時空を超えた世界にあり続けているということですか？

ジー　その通りじゃ。そして、その霊は、新たに生まれてくる肉体の中に何度も繰り返し宿りながら、浄化する営みをやっておるんじゃ。

私　浄化ですか？

ジー　人間に生まれたというのは、自分自身を意識する世界をもったということじゃが、それは、肉体そのものを意識し、さらに、そこから生まれてくるさまざまな欲求をも意識することになる。だから、その肉体の欲求を人間だけが意識と係わらせて、その芽を意識的に伸ばしてしまうことになる。それがエゴと呼ばれておるものじゃが、そのエゴが台頭してくると、あり続けておる生命がどうしても肉体に縛られたものになってしまい、意識は悠久な私を有限な肉体に縛り付けた私にしてしまうのじゃ。そこから、さまざまな悪が生まれ、さまざまな苦悩も生まれてくることになる。そして、死というのは、まさにその肉体に縛り付けられた心が生みだしているものなんじゃ。純粋な心の世界から見たら、死はないのじゃ。

私　そうか、今やっとはっきりと具体的なものとして捉えることができました。私たちは、二つの相異なる世界を背負って生きているということね。それは、これまで話してきた時間と空間によって規定された肉体の世界と、時間と空間とを超えた心の世界と。そして、私たちの意識は物質的なものにとらわれているために、心までも肉体に支配された有限な世界にあるものと錯覚してしまっているんですね。

ジー　その通りじゃ。物質的な肉体は有限じゃが、心はあり続けておって、その死のない心の世界で、人間一人ひとりの霊は、進化し続けておるんじゃ。人間の心の最終的な目標は、もって生まれた意識によって、私そのものがあり続けておる生命であるということを覚知することなんじゃが、そのために、一人ひとりの霊は、何度も何度も生まれ変わりながら、自身の霊を浄化させ、そのあり続けておる生命に近づいていくことの営みを続けておるのじゃ。

私　霊を浄化させるためには、どうしても肉体の存在が必要なんですか？

ジー　そうじゃ。これは人間の抱くイメージとそれをより良いものにしていこうとする人間の営みとの関係に似ておるのじゃが、人間の抱くイメージは、時間と空間の支配する見える世界に表現されて初めて、それをより良いものに改善していく新たな創造性が生まれてくるものじゃ。お前さんもときどき経験しておるじゃろうが、始めにイメージしたものやことを目に見える形に表現していくと、その表現したことで新たな改善点が見えてきて、さらにより良いものに改善されていく。それと同じように、霊もそのままではイメージと同じように、そこから一歩も良いものになってはいかない。それをより良いものにしていくためには、どうしても時間と空間とに規定された世界の肉体と係わらざるをえないのじゃ。そして、霊は肉体と係わることで、さまざまな人との出会い、さまざまな自然環境との出会い、人間社会の中でのさまざまな仕事や出来事との出会いなどなど、そうした出会いの中で、さまざまなことに悩みながら、知恵を高め、悪い行いを反省し、良い方向に心を改めていく。こうして霊は少しずつ浄化され、何度も生まれ変わりながら、完全な浄化に向けて働き続けておるのじゃ。

私　ということは、一人ひとりには個々人の霊があるということですね。

ジー　そうじゃ。人間一人ひとりは人間すべてに共通の統合力にささえられながら、個々人には個々人の霊が宿っておるんじゃ。これは双子の研究でも明らかにされてきておることなんじゃが、一卵性双生児は、二人ともまったく同じゲノムを抱いておる。そのため、どんなに異なる環境で別々に育てられても、容貌や癖はよく似ておる。ところが、今度はその二人が、どんなに同じ環境で育てられても、二人の個性は異なってくるんじゃ。この結果は、肉体的なものは、遺伝子に依存しているのに対して、個性は、遺伝子には依存していないことを物語っておることになる。

私　へー、そうなんだ。

ジー　だから、こうした双子の研究結果に、研究者は、「まるで私たちには、生まれつき「個性製造器」が組み込まれているかのようだ」と語っておる。[42] それは、それぞれの個性が祖先の遺伝子によって左右されておるのではなく、個々人の霊によってもたらされたものだからなんじゃ。

私　そうか。だから、同じ人間なのに、善い人もいれば、悪い人もいる。優しい人もいれば、怒りっぽい人もいる。そうした心の有り様というのは、霊一つ一つがこれまでに肉体に宿りながら浄化を繰り返してきたその結果ということになるのですね。

ジー　そういうことじゃ。人の心は、霊そのものじゃ。そして、その霊は、長い歴史を秘めておるということじゃ。霊は肉体と重なり合うことによって、はじめて新たな世界と巡り合い、その中で、汚れを落とし、だんだんときれいなものになっていく。そして、肉体は消え去っても、その霊はそのままの状態であり続けておって、また再び肉体に宿り、そこでまた浄化がなされていく。こうして、何度も何度も繰り返されながら、心としての霊が浄化され、あり続けておる生命に近づいていくことになるんじゃ。

私　なるほど、そういうことですか。

ジー　だから、この世に生まれたことの意味は、先に言ったように、瞑想したり哲学したりすることによって自身の心と対峙し、与えられた知恵をより崇高なものに高めていくのと同時に、悪を内に背負いながら、その悪と戦いながら、心をきれいにしていくことじゃ。そして、人を愛し、大切にすること、汝の隣人を愛せよという教えは、まさにそのことを知らしめようとしておるんじゃとジーは思うんじゃ。

そう思えた途端、ジーにはこの世に生まれてきたことが有難くて、うれしくて、そして楽しくて、しかたがなくなってきおった。肉体は消え去っても、わしの霊は生き続けておる。ジーもこれまでの人生を振り返って見ると、決してほめられるような正しい道ばかりを歩んできてはおらんのじゃが、こうして、生まれてきたことの意味がわかってくると、もともと抱いておった悪の心を少しずつ善の心へと向かわせる努力をするようになってきおった。反省し、悪の芽を少しずつ摘んで、良いものの方に心を傾けていく。そうすると、なんだか、永遠に生きていられるような心地がしてきて、年をとることが悲しいことではなくなってきおった。そんな気持ちになれるというのは、ジーがこれまで語ってきたことが、生命の本質だからではないかと思うんじゃ。

ジーと語り合ったあの時から三年の年月が流れた。私も大学院を修了し、今は、ある企業の研究所で研究する日々を過ごしている。仕事にもだんだんと慣れ、その一方で、社会人としての諸々の悩みを抱えながら、ふと、ジーと語り合った日々のことが懐かしく思い出されてきて、よく通ったあの神社に行ってみたくなった。

久しぶりに訪れた神社の境内には、もはやジーの姿はなかった。ジーがどういう人で、今どうしているのかもわからないけど、あのとき、ジーの語ってくれた一言一言が、今でもはっきりと私の心に残っている。ジーの語ってくれた自己との邂逅はまだ果たせてはいないけれど、ジーに言われたように、時として世間の騒音から離れ、自分を静かに見つめる一時を過ごしている。そして、ジーが語ってくれたように、身近にいる人を大切にしながら、そして、悪い芽をつみ、良い芽を伸ばす努力をしながら、今を生きていくことが、人として生まれてきたことの意味なのだということをかみしめながら一日一日を大切に生きている。そして、いつの日か、自己と邂逅できる日が来ることを願いながら生きていこうと思う。あのとき、ジーがいつも腰かけていた石に腰かけてみた。ジーの優しい面影と、ジーの確信に満ちた一言一言が、まるで今ジーがここで語ってくれているかのように、私の心になつかしくよみがえってきた。

ジーの告白

今から四十年ほど前、私は、日本とアメリカとを結ぶ太平洋横断光海底ケーブルの実用化に向けて研究する日々を過ごしていた。

一九八二年六月、その実用化に向けた最後の海洋実験が始まった。二つの中継器をもつ全長五十キロメートルの光海底ケーブルを相模湾沖にループ状に敷設し、その両端を神奈川県二宮町にある実験室に引き込んで長期安定度試験が開始された。この実験が成功すれば太平洋横断光海底ケーブルの実用化に向けてすべてが動き出すことになる。敷設後、ひと月がたち、ふた月がたっても、そのケーブルからやってくる信号のレベルはきわめて安定したものであり、誰もが実用化は間近なものとして確信し始めていた。

ところが、敷設後三か月ほどたった頃から、信号レベルがだんだんと低下し始め、それからひと月後には、信号がまったく受けられない状態になってしまった。海の中で何が起きているのか？　その原因を突き止めようとさまざまな実験が行われることになった。そんな中、私が目にしたのは、実験室に引き込まれていたケーブルの先端から海水がしたしたと落ちてきている姿だった。ケーブル内に海水が浸透してきていたのだ。

海底下数百から数千メートルにひかれた海底ケーブルでは、数十から数百気圧の水圧がケーブルにかかってくる。だから、ケーブルにちょっとした傷ができると、そこから海水が浸透し、ケーブル内の隙間に沿って水が走り回ることになる。

光海底ケーブルは、光ファイバーを保護するために光ファイバーのまわりをアルミニウム管で覆っていたし、ケーブルの強度を増すために、そのアルミニウム管の外側には、鉄線がまかれていた。さらに、中継器に電気を送るための銅線もケーブルには埋め込まれていた。こうした金属と海水との係わりが光ファイバーの損失に影響しているのであろうか？

そのことを確かめるために、ケーブルの中で用いられている銅、鉄、アルミニウムそれぞれだけで作られたドラムに、一キロメートルほどの光ファイバーを巻き付け、それぞれのドラムごと水で満たされた大きな水槽に入れ、光ファイバーの損失変化を測ることにした。

はじめは、どの水槽の光ファイバーにもまったく変化は見られなかった。でも、実験を始めてから十日ほどした頃から、光ファイバーの損失に増加のきざしが現れてきた。ただ、その三つのドラムの中で、アルミニウムのドラムにまかれた光ファイバーの損失が一番大きく、次に鉄、そして銅のドラムにまかれた光ファイバーでは損失の増加はまったく起きてはいなかった。

なぜ三つのドラムで特性が異なるのか？　この問題を抱えながら、思案する日々が続くことになった。そして、数日後、高校時代に学んだ記憶が突然よみがえってきた。それは、化学の時間に学んだイオン化傾向だった。これは、水溶液中で、元素のイオンになりやすさの程度を示したもので、水素よりイオン化傾向の高い元素は、水溶液中で水素を発生させる特性があった。

この実験では、アルミニウムのドラムにまかれた光ファイバーの損失増加が一番大きく、次に鉄、そして、銅のドラムにまかれた光ファイバーの損失は増えてはいなかった。これはまさに、光ファイバーの損失が金属のイオン化傾向と係わっていることを物語っていて、直感的に水素との係わりが推測された。

この閃きをえた瞬間、私はいてもたってもいられず、いつも研究をサポートしてもらっている製作所にお願いして、光ファイバーと一緒に水素ガスを封入して、光ファイバーの損失を計測できる容器を至急作ってもらうことにした。容器は二日後にできあがってきた。

さっそくその容器に光ファイバーを入れ、水素を封入して実験開始となった。光ファイバーの損失変化を常時監視するため、光ファイバーは測定装置につながれていた。はやる心を抑えながら、損失の変化を観測し続けた。でも、一時間たっても、二時間たっても、変化はまったく現れなかった。翌日、朝早く測ってみた。でも、まったく変化はなかった。夕方になっても、変化は見られなかった。二日目も、三日目も、変化はまったくなかった。

だんだんと研究室のメンバーも、損失増加の原因は水素ではないとして、再び水を使った実験に取りかかろうとする研究者も現れてきていた。でも、私には、あの直観をどうしても捨て去ることができなかった。四日たち、五日たってもやはり同じ状態のままだった。研究室のリーダーも、この実験を見守っていた本社の人たちも、やはり始めにかえって実験をやり直した方がいいのではないかという意見に傾いてきていた。

実験が始まって七日目を迎えていた。不安定な心を抱えたまま、いつものように実験室に向かった。何はともあれ、真っ先に、光ファイバーの損失を調べてみた。その瞬間、私の胸はときめいた。損失が増加していたのだ。計測器にかからないほど、光のレベルが低下していたのだ。思わず飛び上がってしまった。心は、そこにはなかった。天空を超え、どこか知らない世界を飛び回っているような激しい興奮の渦の中に置かれていた。

その測定結果は、あのアルミニウムのドラムにまかれ水槽に入れられた光ファイバーの損失特性とまったく同じものだった。やっぱり水素が原因だったのだ。アルミニウムと海水とが反応し、水素が発生して、それが光ファイバーの中に浸透し、光を吸収していたのだ。この現象を知っているのは世界で私だけなんだと思うと、なんとも言えない感慨がこみあげてきて、放心状態になっていた。でも、その時、私の心に響いたのは、「あなたの隣人を大切にしなさい」という、なんとも不思議な響きだった。有頂天になっている私を戒める言葉なのか、それとももっと違ったものなのか、その時にはわからなかった。そして、その心の響きは、すぐに忘れ去られてしまった。

この研究結果は、イギリスの専門誌に掲載されることになり、翌年の十月、最優秀論文として、イギリスの学会から論文賞を授与されることになった。そして、アルミニウムのない新たな光海底ケーブルが開発され、一九八九年、初めての太平洋横断光海底ケーブルが実用化されることになった。

水素と光ファイバーの損失増加との係わりを明らかにしていた頃、私の心には、大きな変化が起こり始めていた。それは、今思うと、あの水素問題を発見した時、その喜びと驚きの中で聞こえてきた「あなたの隣人を大切にしなさい」という言葉に端を発したものだったのかもしれない。

あの発見があってから半年ほどたった頃、突然のごとく、私の心のうちに、何か小さな塊のようなものが芽生え始めてきた。始めは気にとめずにいたのだが、その塊がだんだんと大きくなり、気にとめずにはいられなくなってきた。なんだか気持ちの悪いものが、いつも心の片隅に住み着いているようで、研究していても、研究に集中できなくなってきてしまった。いったいこれは何なのだろうか。始めは小さかったものが、次第に心全体に広がってきていたが、その正体はまったくわからないままだった。

やがて、その正体がはっきりとその姿を現わす時がやってきた。それは、「人生いかに生きるべきか」という大命題だった。三十四年の人生の中で、自分の心は自分でなんとかコントロールできるものと思い込んでいた。少しばかりの悩みや、苦しさは、自分で解決出来てきたし、私の心の中に、自分の意志ではどうすることもできないものが生まれてくることなど、思ってもみなかった。

でも、その大命題は、私の意志とはまったく別に、ただ私にその答えを見つけ出すべく、私の心に圧力をかけてきていた。研究では大きな発見をし、目標にしていた博士の学位も手にすることが見えてきていた。なのに、そうしたことが生きる意味ではなかった。それは、この命題に対しては、何の役にも立たなかった。答えのない答えを求めて、まずは、先輩たちに聞いてみることにした。

私より十歳、二十歳年上の人たちに、生きることの意味について尋ねまわる日々が続いた。ほとんどの人は、大発見をして、将来の目的がなくなってしまったから、そんなことを思い悩んでいるんではないの。そのうちわかってくるよ。というものから、それははしかのようなもので、だれしも一度や二度は考えてみるものだけど、年を取るにしたがって、そんな疑問も自然に消えていくものなんだよ。というものやら、とにかく、そんなことは時間が解決してくれるというものだった。

でも、私の心の中に広がってきたその命題は、そんなに簡単に退けられるものではなかった。時間が解決してくれるものとはとうてい思えなかった。むしろ、時が流れるにしたがって、その命題に答えを得ない限り、一歩も先に進めないような状況になってきていた。

誰に聞いても答えが得られないことを悟った私は、今度は、仏教書や哲学書、さらには中国の古代思想に答えを求めて、こうした本をかたっぱしから読み始めることになった。でも、どの本を読んでも、生きることの意味について私が納得できるように書かれたものはどこにもなかった。そうしたことをしている間にも、私の心の中では、あの黒い塊がじわじわと広がってきていて、答えを見つけない限り身動きできない状況にまで来ていた。

誰に聞いても、何を読んでも答えが得られないことに途方に暮れてしまった私は、最後の手段として、他者にその答えを求めるのではなく、自分自身で生きることの意味について考えてみることにした。いったい何をそんなに悩んでいるのだろうか、生きる意味として私は何を求めているのだろうか、死をどうしてそんなにも恐れるのだろうか、などなど、生きることの意味と係わりがありそうな問題について、自分自身で考えてみる日々が始まることになった。

会社が休みの土曜日や日曜日は、朝から晩まで、ほとんど机に向かって答えのない問題について考えていた。それは、今振り返ってみると哲学をしていたことになるのだが、生きることの意味を求めて、次々に湧き起ってくる命題に対して、深く考えてみる日々が続くことになった。そうした営みが二年ほど続いていた頃であろうか、答えはまったく見えては来ない状態で、もうこれ以上考えても、何も生まれてはこないという袋小路に入ってしまった。どんなに考えても、もはや自分の思考能力では、答えが得られないぎりぎりのところにまで行き着いてしまったのだ。

確かに知恵のようなものは身についてきていた。でも、生きることの意味に関しては、まったく答えは見えてきてはいなかった。そして、ある時から、だんだんと考える手段さえも消え去っていくような壁にぶち当たってしまった。もう、哲学することだけでは答えを見つけ出すことは不可能。もはや生きるすべをすべて失ってしまったかのようなきわめて不安定な心の状態に陥ってしまった。そして、自ら生きることを放棄すること以外、道がないような瀬戸際に立たされてしまった。

生きることの支えを失ってしまった私は、通勤電車の中で、あふれ出る涙をハンカチで拭きながら通勤する日々を送っていた。このまま自ら命をなくしたら、残された子供たちは、どうなってしまうのだろうか。子供たちのこと、妻のことを考えると、涙がとめどもなく流れてきてしまうのだった。そして、会社の中では、だれも私のこの生きる支えを失った心を見すかさないでほしい。お前、生きていないね、などと言われたら、その場に倒れてしまいそうなたよりない心をかかえて働く日々が続くことになった。

そんな中、唯一救いの手を差し伸べてくれたのは、かつて、私がイギリスに留学する時、叔母が、はなむけの言葉として残してくれた「南無妙法蓮華経」だった。信仰篤い叔母は、私がイギリスに留学するとき、何か困ったことがあったら、手を合わせて「南無妙法蓮華経」と唱えるんだよと、はなむけの言葉を残してくれた。その言葉が、絶体絶命のこの時よみがえってきた。もはや頼れるものはこのことしかなかった。それから毎晩、手を合わせて「南無妙法蓮華経」と唱題する日々が始まった。

その唱題は、一時間以上も続くこともあった。もはや思索だけでは答えをつかむことができなくなってしまった私の生きる支えは、ただ、助けてくださいと心の中で叫びながら、ひたすら唱題することだけだった。唱題を止めると、生きる力が失われてしまい、ただ、死が待っているだけだった。唱題することだけが、生きることへの一縷の望みを与えてくれていた。

それは、真っ暗闇の中で、高層ビルと高層ビルとの間にひかれた一本の綱の上を落ちないようにひたすら歩いているようなものだった。目にするのは、一点明るく照らされた足元の綱だけ。どこまで歩いたら安全な場所にたどり着けるのかもわからないまま、その綱の上を落ちないようにひたすら歩き続ける日々だった。疲れて、疲れて、もうこの辺でいいだろうと気を抜くと、綱から落ちてしまう。でも、それでもいいと思うこともたびたびだった。ただ、「南無妙法蓮華経」と唱題している時には、その真っ暗闇の中で綱を渡りながら、はるかかなたに針でつついたような一点の明かりが見えてきていた。それは、死に至ろうとする心に、かすかな望みを与えてくれていた。あの所まで頑張ったら安住できる。こうして、私の日々は、綱渡りをしながら、ひたすら唱題する生活が続くことになった。

唱題を続けて一年ほどした頃からだろうか、心の中にだんだんと邪念が入らない状態が生まれてきていた。「南無妙法蓮華経」という自分の声に、ただ無心に耳を傾けるだけの状態が続くようになってきた。そして、ある時から、自分の声が、どこか天空から聞こえてくるようで、その声に静かに耳を傾ける安定した自分がそこにいることに気付いてきた。

自分が声をあげているのにもかかわらず、声は自分のものではなく、その声に耳を傾けるもう一人の自分がいるようになってきた。そうした心の安定というか、もう一人の不動の自分に巡り合うことが毎日のように続くようになってきた。もう助けてくださいという気持ちさえどこかに行ってしまい、邪念のない、無心で、ただ、「南無妙法蓮華経」という響きだけが私のまわりにこだましているだけの状態が何日も何日も続くことになった。そうした状態が一年以上続いていただろうか、そんなある日、雨の音を聞くともなく聞いていた時、その音が突然異質なものに変わった。その瞬間、すべてがわかった。自分の追い求めていた生きる意味が、はっきりとわかったのだ。うれしかった。とにかくうれしいという一言でしか表現できえない悦びが湧き起こってきた。

こうして、あの黒い一点が心に広がり始めたときから、四年半が過ぎた頃、それは三十八歳の秋のことだったが、私には、生きることの意味がはっきりと与えられることになった。そして、かつて生きることの意味を見出すことのできなかったいくつもの古典や仏教書が、まるで乾いた大地が雨水を吸い込むように、私の心の中に浸み込んできて、それらの意味が簡単にわかってしまうようになった。論語の中に何度も登場する道の意味も、ユングの書いた精神分析の本の内容も、すべてがなるほどと理解できるようになった。そして、心の内で人知れず嫌っていた研究を今度はやりたくてやりたくてたまらなくなってきた。ただ、そのやりたくなった研究は、それまでやってきた光の研究のように、既存の理論の上であれこれと考えていくような研究ではなく、すべての現象の根源を明らかにしたいという本質的なものを探究する研究だった。

重力はいったいどこから生まれてくるのか、光の二重性の源はどこにあるのか、意識はどこから生まれてくるのか、生命とはいったい何なのか、といった、本質的なことについての研究を無性にやりたくなった。こうして、私は、あらゆる現象の根源を明らかにしたいという思いを胸に、光の研究を離れ、一人、人間研究へと旅立つことになった。

あとがき

本著は、私のこれまでの人間研究の成果を基本に、生命の本質について語ったものであり、私の四十年におよぶ研究の集大成といえるものになりました。本著を出版するに際して水曜社社長仙道弘生氏には編集から出版までたいへんお世話になりました。ここに厚くお礼申し上げます。また、表紙には、画家・菅原温子様のご厚意により、生命を描いた「ゆりかご」と題する作品を使わせていただきました。厚くお礼申し上げます。最後に、この長きにわたる私の研究生活を心の底から支えてくれた妻・美恵子と子供たちに心より感謝の言葉を送りたいと思います。ありがとう。

二〇二三年十月　望月　清文

参考文献

(1)「ゴルギアス」プラトン著　加来彰俊訳　岩波文庫　1990
(2)「聖書」新共同訳　日本聖書協会　2006
(3)「新訳ビーグル号航海記」チャールズ・R・ダーウィン著　荒俣宏訳　平凡社　2013
(4)「種の起原」ダーウィン著　八杉龍一訳　岩波文庫　1997
(5)「ウルトラ・ダーウィニストたちへ」N・エルドリッジ　新妻昭夫訳　シュプリンガーフェアラーク東京　1998
(6)「カンブリア紀の怪物たち」S・C・モリス著　松井孝典監訳　講談社現代新書　1997
(7)「ワンダフル・ライフ」スティーヴン・ジェイ・グールド著　渡辺政隆訳　早川書房　2000
(8)「人とチンパンジーのゲノム比較」Comparison of human and chimpanzee genomes reveals striking similarities and differences | Broad Institute
(9)「ヒトゲノム」http://ja.wikipedia.org/wiki/ヒトゲノム
(10)「シマウマの縞　蝶の模様」ショーン・B・キャロル著　渡辺政隆　経塚淳子訳　光文社　2007
(11)「ヒトゲノム解読　苦闘の10年」読売新聞　くらし教育欄　2014年4月7日朝刊
(12)「細胞の意思」団まりな著　NHKブックス　2008
(13)「進化論を拒む人々」鵜浦裕著　勁草書房　1998
(14)「ラバ」http://ja.wikipedia.org/wiki/ラバ
(15)「ダーウィニズム150年の偽装」渡辺久義・原田正著　アートヴィレッジ　2009

(16)「5万年前に人類に何が起きたか?」リチャード・G・クライン、ブレイク・エドガー著　鈴木淑美訳　新書館　2004

(17) J.P. Noonan, et al., "Sequencing and analysis of Neanderthal genomic DNA", Science, Vol.314, pp.1113-1118, 2006.

(18) R.L. Cann, et al., "Mitochondrial DNA and human evolution", Nature, Vol. 325, 1987.

(19)「ショーヴェ洞窟」http://ja. wikipedia. org/wiki/ショーヴェ洞窟

(20) M. Aubert, et al., "Pleistocene cave art from Sulawesi, Indonesia" Nature, Vol. 223, 9 Oct., 2014.

(21) S. McBrearty, et al., "The revolution that wasn't: a new interpretation of the origin of modern human behavior", J. Hum. Evol.,Vol.39, pp.453-563, 2000.

(22)「世界の大思想 20 アリストテレス」河出書房新社　1974

(23)「純粋理性批判」カント著　篠田英雄訳　岩波文庫　1989

(24)「エミール」ルソー著　今野一雄訳　岩波文庫　1985

(25)「共通感覚論」中村雄二郎著　岩波現代選書　1995

(26)「3重構造の日本人」望月清文著　NHK出版　2001

(27)「人類20万年遙かなる旅路」アリス・ロバーツ著　野中香方子訳　文藝春秋　2013

(28)「日本語の起源」大野晋著　岩波新書　1994

(29)「人類の足跡10万年全史」スティーヴン・オッペンハイマー著　仲村明子訳　草思社　2007

(30) M. Raghavan, et al., "Upper Palaeolithic Siberian genome reveals dual ancestry of Native Americans", Nature, Vol.505, pp.87–91, 2014.

(31) W. Wei, et al., "A calibrated human Y-chromosomal phylogeny based on resequencing", Genome Res., Vol.23, pp.388–395, 2013.

(32) M. Haber, et al., "A Rare Deep-Rooting D0 African Y-Chromosomal Haplogroup and Its Implications for the Expansion of Modern Humans Out of Africa", Genetics, Vol.212, pp.1421–1428, 2019.

(33)「言語遺伝子：ＦＯＸＰ２」http://ja.wikipedia.org/wiki/FOXP2
(34)「蜜蜂の生活」モーリス・メーテルリンク著　山下知夫・橋本綱訳　工作舎　２０００
(35)「荘子」金谷治訳　岩波文庫　１９８５
(36)「芭蕉文集：新潮日本古典集成」富山奏校注　新潮社　１９８９
(37)「論語」金谷治訳注　岩波文庫　１９９０
(38)「ユング著作集」日本教文社　１９８２
(39)「サイクリック宇宙論」ポール・Ｊ・スタインハート　ニール・トゥロック著　水谷淳訳　早川書房　２０１０
(40)「宇宙はなぜこのような宇宙なのか」青木薫著　講談社現代新書　２０１３
(41)「ダークマターとダークエネルギー」ニュートンプレス　２０１３
(42)「双子の遺伝子」ティム・スペクター著　野中香方子訳　ダイヤモンド社　２０１４

望月 清文（もちづき・きよふみ）

１９５０年、山梨県生まれ。75年、大阪大学大学院修士課程修了、ＫＤＤ入社。78～79年、英国サザンプトン大学客員研究員。79年よりＫＤＤ研究所にて光ファイバー通信の研究に従事。84年、英国電気学会よりＩＥＥ論文賞受賞。89年より人間研究に従事。96年、ＫＤＤ総研取締役。２０００年、㈱ベルシステム24取締役・総合研究所所長。２００１年～２０１２年、城西国際大学経営情報学部教授。工学博士。著書に「３重構造の日本人」（ＮＨＫ出版）、「生命の進化と精神の進化」（水曜社）、「素粒子の心細胞の心アリの心」（水曜社）ほか。

生《せい》命《めい》——科学の忘れ物

発行日 二〇二三年十一月二十六日　初版第一刷
著　者 望月 清文
発行者 仙道 弘生
発行所 株式会社 水曜社
〒一六〇－〇〇二二
東京都新宿区新宿一－三一－七
ＴＥＬ 〇三－三三五一－八七六八
ＦＡＸ 〇三－五三六二－七二七九
ＵＲＬ suiyosha.hondana.jp
ＤＴＰ トム・プライズ
装　幀 清水 翔太郎（ｔｏｋｙｏ ｚｕａｎ）
印　刷 モリモト印刷 株式会社

ISBN 978-4-88065-553-6 C0010